Helwig Schmidt-Glintzer
CHINA – Eine Herausforderung für den Westen

China Centrum Tübingen

Prof. Dr. Helwig Schmidt-Glintzer

Hintere Grabenstr. 26

72070 Tübingen

info @ cct. uni-tuebingen . d

Helwig Schmidt-Glintzer

CHINA – Eine Herausforderung für den Westen

Plädoyer für differentielle kulturelle Kompetenz

Bibliografische Information der Deutschen Nationalbibliothek
Die Deutsche Nationalbibliothek verzeichnet diese Publikation in der Deutschen
Nationalbibliografie; detaillierte bibliografische Daten sind im Internet
über http://dnb.d-nb.de abrufbar.

Bibliographic information published by the Deutsche Nationalbibliothek
The Deutsche Nationalbibliothek lists this publication in the Deutsche
Nationalbibliografie; detailed bibliographic data are available in the internet
at http://dnb.d-nb.de.

Informationen zum Verlagsprogramm finden Sie unter
http://www.harrassowitz-verlag.de

Layout und Umschlaggestaltung: Andrea Stolz
Foto: © INFINITY – Fotolia.com
Druck und Verarbeitung: Memminger MedienCentrum AG
Printed in Germany
ISBN 978-3-447-06583-2

Herbert Franke
Köln 27.9.1914 – Gauting 10.6.2011

Helmut N. Friedlaender
Berlin 17.6.1913 – Long Island 25.11.2008

Erwin Wickert
Berlin 7.1.1915 – Remagen 26.3.2008

in memoriam

Inhalt

Vorwort 9

I   Einleitung: Machtverschiebungen und Dialog 15

II   Eine Geschichte von Neuerfindungen und Wendezeiten 23

III Horizonte der Moderne
     und die Tradition der unvollständigen Legitimität 43

IV   Bewährte Ziele, neue Netze und die Suche nach Harmonie ... 68

V   Die Weltgesellschaft: Zehn Gründe für Chinas Erfolg
     und die Differenzierung der Gesprächsebenen 96

Literaturhinweise 135

Vorwort

Seit vor vierzig Jahren, am 9. Juli 1971, eine geheime US-Verhandlungsdelegation unter der Leitung von Henry Kissinger in Peking eintraf, hat sich die Welt dramatisch verändert. China ist in die Weltgesellschaft zurückgekehrt – und strebt für seine Bevölkerung jenen Anteil am Wohlstand der Völker an, den es vor zweihundert Jahren schon einmal hatte. Die Vereinigten Staaten von Amerika haben sich neben Russland als der anderen der beiden europäischen Flügelmächte und neben der EU zum wichtigsten Partner Chinas entwickelt. Wo bleibt da heute, in einer Zeit, die unter den Begriff der Entfesselung gestellt wird, das „alte" Europa? Von der Beantwortung dieser Frage, die auch John Kornblum beim Erscheinen von Henry Kissingers Buch „On China" (2011) aufwirft, hängt die Zukunft Europas in nicht unerheblichem Maße ab. Die Antwort wird aber verstellt, wenn wir immer wieder nur unreflektiert China und „den Westen" einander gegenüber stellen und dabei von einer in den monotheistischen Traditionen verankerten Hegemonievorstellung ausgehen.

Der Beginn des 21. Jahrhunderts erlebt Machtverschiebungen und Regierungswechsel in über lange Zeit für stabil gehaltenen Ländern wie Ägypten und Tunesien und anderen Staaten der arabischen Welt. Unruhe ist auch auf den Plätzen in den Hauptstädten Europas entstanden. Während Festgesellschaften die Reden des britischen Soziologen Anthony Giddens über die entfesselte Welt und die nahende Klimakatastrophe betroffen zur Kenntnis nehmen und dann zur Tagesordnung übergehen, verlieren selbst konservative und technologiegläubige Regierungen unter dem Schock einer plötzlichen Gefährdungseinsicht geradezu den Verstand und steigern durch populistische Maßnahmen eher noch die Risiken, ohne dass daran eine Zukunftsperspektive erkennbar werden würde. Unter der Überschrift „Demokratisierung" investieren sie zusammen mit den Öl produzierenden Golfstaaten Milliardenbeträge zum Aufbau von Partizipationsstrukturen im Nahen Osten, ohne dass es schon eine Vision für eine neue Architektur von Recht, Freiheit und Ordnung gäbe. Von der perspektivlosen Fremdfinanzierung Afghanistans, die in einen neuen Zusammenbruch dieses geschundenen Landes am Hindukusch führen und eher potenzierte als geminderte Bedrohungen produzieren wird, ganz zu schweigen. Die Weltfinanzmärkte sind weiterhin instabil, und es ist nur noch eine Frage der Zeit, bis lang gehegtes Vertrauen in Sicherheit und Stabilität schwindet. Nur ist es ein Trugschluss, aus der Angst der Kommunistischen Partei Chinas vor der „Ausbreitung westlicher Ideen" auf die Überlegenheit dieser Ideen zu schließen. Während für China gilt, dass Angst ein schlechter Ratgeber ist, dürfte sich das Warten des Westens auf einen nahen Untergang der kommunistischen Herrschaft in China als Irrweg erweisen. Wenn es in einem geheimen Kommuniqué der Partei vom 5. März 2011 von den „feindlichen Kräften" heißt: „Sie versuchen mit allen Mitteln, unsere Entwicklung zu behindern, unserem Image zu schaden und unsere Ideologie und Kultur zu infiltrieren. Sie wollen uns drängen, westliche Werte und das westliche politische System zu akzeptieren," so zeigt dies nur, dass auch China nicht ohne Feindbildkonstruktionen auszukommen scheint. Dadurch erhalten wiederum im „Westen" Phantasien Nahrung, die Freiheitssehnsucht werde sich in China bald eine Bahn brechen, wohingegen in Chinas Eliten alte Utopien wieder aufleben.

Während die Deutschen nur noch zu 20 Prozent an den Euro glauben, unterstreicht der chinesische Premierminister Wen Jiabao bei seinem Besuch in Budapest am 26. Juni 2011 Chinas „Vertrauen in die wirtschaftliche Entwicklung Europas" und verspricht, „konsequent Europa und den Euro" zu unterstützen. In Europa, insbesondere in Deutschland, beschwört man zur gleichen Zeit Haushaltslöcher, und Nikolas Busse mahnt am 3. Juli in der Frankfurter Allgemeinen Sonntagszeitung: „Die

Sorge, die man sich machen muss, lautet nicht, dass China Einfluss auf Europa gewinnt, sondern dass Europa sich selbst so schwächt, dass es China nichts mehr entgegenzusetzen hat". Man gewinnt den Eindruck, Europa sei auf dem Wege, sich abzuschaffen, so dass Heribert Prantl sich nur noch dadurch zu helfen weiß, dass er am selben Wochenende in der Süddeutschen Zeitung der „Heimat Europa" eine „Liebeserklärung" zukommen lässt.

Während nach dem Ende der Sowjetunion in Zentralasien und nun auch in der arabischen Welt politische Umbrüche ungeahnten Ausmaßes stattfinden, scheint für viele in Europa und China, an den Rändern der eurasischen Landmasse, politisch noch alles beim Alten zu bleiben. Das aber ist für China wie für Europa nicht nur unwahrscheinlich, sondern wohl ein großer Irrtum. Nur will davon in Europa noch keiner etwas wissen. Anderes scheint in den Augen mancher für China zu gelten. Dort wachsen parallel zur wirtschaftlichen Prosperität Unmut und Konflikte zusehends. Nachrichten überstürzen sich von Anschlägen und Aufständen, von der Sperrung von Mongolen besiedelter Gebiete, wo sich die nomadische Bevölkerung gegen den großflächigen Abbau von Kohlelagerstätten wehrt, weil sie den Verlust ihrer angestammten Weideflächen befürchtet, bis hin zum Schüren des aus der Zeit des Kalten Krieges und der sowjetisch-chinesischen Streitigkeiten in die Gegenwart ragenden Konfliktes mit den uigurischen Minderheiten vor allem in der Provinz Xinjiang. Weil jedoch keiner den Ausgang kennt, gilt auch den Regierenden dort der Status quo als Orientierung.

Die Verlagerung des Zentrums der Weltwirtschaft nach Ostasien begründet inzwischen neue Geltungsansprüche, und die Besetzung international wichtiger Spitzenpositionen wie der des Direktors des Internationalen Währungsfonds IWF durch Asiaten ist nur noch eine Frage der Zeit. Im Jahre 2011 befürwortete China noch die Kandidatur der Französin Christine Lagarde, beim nächsten Mal wird es Unterstützung für den eigenen Kandidaten erwarten. Angesichts dessen wird viel davon abhängen, in welcher Weise sich Europa und China neu definieren. Das Beste wäre, sie würden sich dabei aufeinander beziehen. Dazu soll die vorliegende Schrift einen Beitrag leisten und Anstöße geben. Dabei kann es nicht alleine um eine Zustandsdiagnose gehen, sondern es muss auch das Bewusstsein und es müssen die bisherigen Wahrnehmungshorizonte reflektiert werden.

China heute verstehen heißt, die Geschichte Chinas seit der Reichsbildung im 17. Jahrhundert und dann seit dem Opiumkrieg zu begreifen und zugleich die Geschichte Europas und der europäischen Mächte nicht zu vergessen. Ein solcher Umgang mit den Herausforderungen der Gegenwart unter Berücksichtigung der eigenen wie der anderen Vergangenheiten und unter Einbeziehung der jeweiligen Selbstauslegungstraditionen setzt nicht nur einen differenzierenden, sondern auch einen reflexiven Umgang mit anderen wie mit sich selbst voraus. Zu einer solchen differentiellen kulturellen Kompetenz im Umgang mit China tragen die Ostasienwissenschaften ebenso wie die Erforschung der europäischen Kulturgeschichte bei. Dabei begegnen sich nicht nur spezifische, zum Teil einander widersprechende Selbstauslegungstraditionen, sondern es prallen auch unterschiedliche Zukunftsvisionen und Handlungsoptionen aufeinander. Daher ist es auch so wichtig, die Motivationslagen der Protestbewegungen in China zu verstehen und dabei die Verwerfungen infolge der Modernisierungsprozesse und der Verlagerung der ökonomischen Potenzen – in China wie in Europa! – nicht zu ignorieren. Während sich heute das wirtschaftliche Zentrum der Menschheit nach Asien verlagert, gilt es also, die Ausgangslagen kritisch zu überprüfen, und nicht nur China, sondern auch den Westen zu kritisieren oder doch wenigstens zu reflektieren. Dann nur gibt es eine Hoffnung darauf, dass der Westen mit Europa weiter eine prägende Rolle spielen und aus dem wachsenden Wohlstand Chinas Nutzen ziehen kann, statt die durchaus realen eigenen Chancen zu verspielen. Oder in den Worten von Frank Sieren: „Nur diejenigen, die sich aktiv mit China auseinandersetzen, haben eine Zukunft."

Anstoß für dieses Buch waren die Eröffnung der Pekinger Ausstellung „Die Kunst der Aufklärung" und die folgende Debatte, zu der ich den Beitrag „Die Wissenschaft von China und die Aufklärung" schrieb, den die *Frankfurter Allgemeine Zeitung* am 13. April 2011 veröffentlichte. Diesen Text und einige an anderen Orten publizierte Gedanken greife ich auf mit dem Ziel einer europäischen Selbstverständigung und einer an die Visionen der Aufklärung anknüpfenden pragmatischen Außenpolitik. – Ich widme dieses Buch dem Andenken meines hochverehrten Münchener Vorgängers auf dem Lehrstuhl für Ostasiatische Kultur- und Sprachwissenschaft, Herbert Franke, sowie dem väterlichen Freund Helmut N. Friedlaender und dem Schriftsteller und Diplomaten Erwin Wickert.

HSG   Washington DC, im Juli 2011

I Einleitung:
Machtverschiebungen und Dialog

Zu den großen Machtwechseln der Gegenwart zählt der – von Europa aus gesehen – wirtschaftliche Wechsel von Westen nach Osten sowie, so die Ansicht des Theoretikers der Internationalen Beziehungen Joseph Nye, die Verschiebung der Macht von den bisherigen Regierungen hin zu „regierungsunabhängigen Akteuren".[1] Mit diesen Akteuren sind die Finanzmärkte ebenso wie der Terrorismus und der internationale Drogenhandel angesprochen. Diese Definition muss man nicht teilen, zumal sie eine Sphäre des tendenziell Unkontrollierbaren vorstellt. Auch dient die Rede von diesen Akteuren dazu, staatliche Intervention und verdeckt imperialistische Aktionen zu rechtfertigen. Andererseits führt das offenkundige Versagen der Politik dazu, dass sich die Hoffnung auf zivilgesellschaftliche Strukturen richtet, und langsam ist man wieder bereit, als Normalität zu akzeptieren, was bisher für die Geschichte der Konflikte in der Frühen Neuzeit reserviert zu sein schien, dass nämlich solche Auseinandersetzungen überwiegend asymmetrisch verlaufen und die europäische Kriegskunst der Moderne nur eine Übergangsphase kennzeichnet. Piraten sind wieder unterwegs, und die Armee der Staatsbürger in Uniform wird durch Freiwillige und Söldner ersetzt, während

---

1 Deutsche Welle, „Europa bleibt wichtig für die USA", Interview mit Joseph Nye, 22.05.2011.

andererseits die Nichtregierungsorganisationen unkontrolliert die Meinungshoheit beanspruchen.

Parallel dazu bereiten sich Länder wie Deutschland darauf vor, zur Sicherung ihrer Versorgung mit Rohstoffen und zur Verhinderung von Völkermord, Soldaten für Militäreinsätze in aller Welt vorzuhalten, die durch internationale Organisationen wie die Vereinten Nationen gesteuert werden sollen. Entfesselt ist nämlich gerade auch die Suche nach Rohstoffen, deren Förderung allerdings mit unübersehbaren Risiken verbunden ist und möglicherweise zur dauerhaften Unbewohnbarkeit der Erde beitragen könnte. Vor dem Hintergrund dieser Entwicklung wird der Slogan „Deutschland schafft sich ab" als Ablenkung von der Vermutung erkennbar, dass es nicht Deutschland, sondern die Menschheit insgesamt sein könnte, die sich abschafft. Daher wäre es längst an der Zeit, eine internationale Verständigung zu suchen, die nur im Sinne einer global konzipierten nachhaltigen bzw. „grünen" Ernährungs-, Technik- und Industriepolitik vorstellbar ist. Der Stoffwechsel der Erde nämlich ist erkennbar aus den Fugen geraten.

In diesem Kontext gehört auch der Umgang des Westens mit dem derzeit bevölkerungsreichsten Land, nämlich China. Allerdings ist dieser Umgang durch Klischees historisch belastet. Dem seit mehr als hundert Jahren konstruierten und immer schon in Frage gestellten europäischen Chinabild entsprach ein ebenso konstruiertes Bild vom „Westen" in China. Eher verstärkt als relativiert wurde diese wechselseitige Blendung durch Parallelkonstruktionen wie den nicht erst durch den Literaturwissenschaftler Edward Said entdeckten, von ihm aber mit seinem 1978 erschienen Buch etikettierten „Orientalismus". Dabei gibt es einen solchen Orientalismus nicht nur im Westen, sondern es gibt ihn auch in China in Form einer chinesischen Dominanzvorstellung gegenüber den Minderheiten und den Nachbarvölkern, die bisher nur sehr zaghaft in den Chinawissenschaften bedacht wird.

Zusätzlich erschwert wird der Dialog dadurch, dass es in den gegenwärtigen Debatten über Kulturbeziehungen zwischen China und Deutschland bzw. Europa ein neues Gespenst gibt, das manche bekämpfen möchten: die Differenzierung. Man soll nicht mehr trennen zwischen Kunst und Politik und wirtschaftlicher Kooperation. Die bestehende Vielfalt der Kultursphären in China schrumpft in den Augen westlicher Betrachter. Besser scheint ihnen ein kompletter Boykott. Der Berliner Maler Norbert Bisky mauert sich ein mit dem Satz „wo es keine Freiheit für andere Künstler gibt, müssen auch meine Bilder nicht zu sehen sein", ohne zu bedenken, dass unter solchen Prämissen der Sänger Udo Lindenberg im Jahre 1993 niemals in der DDR hätte auftreten können – auch wenn ihm das Singen des Honecker-kritischen Liedes *Sonderzug nach Pankow* in der DDR letztlich verwehrt blieb. Wenn sich derselbe Künstler zu der Forderung versteigt, „die zahllosen Verbrechen des Kommunismus – die historischen und die aktuellen" – seien anzuprangern, und wenn er zugleich von China als der „Fratze des Kommunismus" spricht, dann vergisst er nicht nur, dass es nach der Kritik einiger Intellektueller dann die Kommunistische Partei Chinas selbst war, welche als erste die Verbrechen der Kulturrevolution anprangerte, sondern er übersieht auch die Aufbruchstimmung und die vielen Ansätze zu eigenständiger Kreativität und Neugestaltung im heutigen China. Und nicht zuletzt übersieht er die Verstrickung des Westens, *unsere* Verstrickung, in die weit ins 19. Jahrhundert zurückreichende chinesische Trümmergeschichte mit ihren Gräueln, deren Größenordnung uns heute noch den Atem stocken lässt.

Die Rede von China als „Fratze des Kommunismus" fällt ebenso hinter die Errungenschaften der Aufklärung zurück wie die Rede von den „zahllosen Verbrechen des Kommunismus". Verbrechen, wie groß immer an der Zahl, sind immer einzelne, sie sind nicht zahllos, sondern zählbar. Auch hier geht es um Differenzierung! Denn Verbrechen müssen aufgezählt und zugerechnet werden; als solche des Kommunismus, des Kapitalismus, der Menschheit oder anderer Kollektivbegriffe bleiben sie schicksalhaft und sind durch kein juristisches Verfahren zugänglich. Dabei braucht man nichts zu beschönigen. Gerade wer sich der Tradition der europäischen Aufklärung verpflichtet fühlt, kann nicht den steinigen Weg übersehen, den Europa in den letzten zweihundert Jahren gegangen und der noch nicht zu Ende ist. Er wird zugleich Verständnis dafür haben, dass man in China einen anderen Weg als den des Europa der Nationalstaaten zu beschreiten versucht. Warum gibt es keine kritische Betrachtung der eigenen westlichen Erfahrungen mit der Modernisierung? Daraus könnte ein Gespräch mit jenen hervorgehen, die in der „nachholenden Modernisierung" einen eigenen Weg finden müssen. Gemeinsam könnte man die Überlegungen Kants zur Dynamik von Aufklärungs- und Lernprozessen noch einmal vergegenwärtigen, wie er sie etwa in der Schrift „Was heißt: Sich im Denken orientieren?" von 1786 niedergelegt hat. Dazu müsste die Erkenntnis treten, dass zwar die Grenzen Europas nicht wirklich fest stehen, aber die Vorstellung von „dem Westen" leicht in die Irre führt. Es scheint, als meine „der Westen", er liefere auch hinfort die Blaupausen für die Entwicklung der Welt. Und im Subtext schürt er Ängste vor einer neuen Hegemonialmacht China. Diese ist nicht in Sicht und nicht zu erwarten, sondern „der Westen" scheint mit dieser Unterstellung seine eigenen Durchsetzungs- und Überlebensstrategien einschließlich militärischer „out-of-area"-Einsätze rechtfertigen zu wollen.[2] Es ist also die Angst vor der Projektion der eigenen Obsession, die über Jahrhunderte ihren Rückhalt im christlichen Gottesbegriff fand.

Daher auch übersehen viele der heute gegen China gerichteten Polemiken die innerchinesischen Reformdebatten seit dem ausgehenden 19. Jahrhundert, verstärkt dann seit der 4.-Mai-Bewegung des frühen 20. Jahrhunderts, in denen sich die chinesischen Intellektuellen mit dem ganzen Reichtum der europäischen Geisteswelt intensiv auseinandergesetzt haben. Statt aber auf diese Diskurstraditionen Bezug zu nehmen und sich so auf einen Dialog mit Gesprächspartnern in China vorzubereiten, fallen viele Polemiken in den kruden Ton der Missionspropaganda des ausgehenden 19. Jahrhunderts zurück. Sie berufen sich widersinniger Weise auf Ideale der Aufklärung und beziehen sich auf naturrechtlich begründete Normensysteme, von denen man sich im Westen selbst längst verabschiedet hat und die auch dort niemals unstrittig waren. So gewinnt man keine Anschlussfähigkeit an die Modernisierungsdiskurse in China und Ostasien – und vor allem: es entsteht der Eindruck von Unaufrichtigkeit. Die Vertreter Europas bleiben hinter ihren durch die letzten Jahrhunderte philosophisch-politischer Theoriebildung und Erfahrung eröffneten Möglichkeiten zurück. Zugleich weigern sie sich, die bereits seit längerem in den Geschichtswissenschaften thematisier-

---

2 Siehe Jens Bisky, Die Konsumgesellschaft aber bleibt, in: Süddeutsche Zeitung Nr. 142 (22./23. Juni 2011), S.11, mit der fragenden Feststellung: „Akademietag 2011 behandelte eine gewaltige Frage: ‚Endet das europäische Zeitalter?' – und wenn ja, was wäre daran furchtbar?"

ten Kehrseiten der Erfolgsgeschichte des Westens zur Kenntnis zu nehmen. Eine solche Form der Selbstentmündigung und Schwarz-Weiß-
Malerei diskreditiert die Traditionen der Aufklärung und muss vor
allem die an Europa seit Jahrzehnten interessierten Intellektuellen Chinas enttäuschen. Eine solche Ent-Täuschung mag auch eine Form der
Aufklärung sein! Dabei reflektieren viele Literaten und Intellektuelle in
China die chinesischen Verhältnisse seit langem schon im Wissen um
die Traditionen der europäischen Aufklärung und registrieren zugleich
aufmerksam die Bürgerrechte einschränkenden und nur mit dem Hinweis auf Terrorismusabwehr begründeten Gesetzesinitiativen in einigen
Ländern Europas.

Die Leichtigkeit, mit der westliche Lebensstile China überschwemmt
haben, wird wie etwas Selbstverständliches registriert, statt Staunen her-
vorzurufen. Es könnte sogar der Verdacht aufkommen, dass, gerade weil
China in so vielem erschreckend europäisch zu werden scheint, all das
Entsetzen über die harte Hand und die mangelnde Souveränität staatlichen chinesischen Handelns nichts Anderes ist als die Folge der Über-
raschung der Spiegelung des eigenen Bildes. In China die Unschulds-
vermutung bei einem Angeklagten als selbstverständlich vorauszusetzen
ist dann aber doch anscheinend leichter, als dies für einen Europäer
in den USA zu fordern. Auch freie Wahlen gewähren nicht per se die
Durchsetzung der Menschenrechte. Immer geht es aber um Staat und
Markt, um Egoismus und Solidarität und um die Frage, wie die Freiheit des Einzelnen und die Garantierung seiner Rechte durch staatliche
kontrollierte Institutionen gewährleistet werden können. Das bleibt
die Kernfrage. Erst die Einbeziehung dieser Frage, die auch in Europa
ernsthaft diskutiert wird, wird ein respektvolles Gespräch auf Augenhöhe über das Thema Aufklärung ermöglichen, in dem die intellektuellen
Dynamiken sowie die Ideenkämpfe beider Seiten während der vergangenen zweihundert Jahre thematisiert werden.

Ein solcher Traditionsbezug verlangt auch, dass wir unsere Vorstellung von der Klassik mit den Klassikkonzepten des chinesischen siebzehnten und achtzehnten Jahrhunderts und den dort geführten Altertumsdiskursen kontrastieren. Wer die Suche Chinas ebenso wie anderer
Länder und ihrer Völker nach einem Weg in die Moderne verstehen
will, muss sich auf die jeweiligen Traditionsdiskurse und Modernisie-

rungskonzepte einlassen. – Eine Kulturgeschichte des neueren China als Zivilisationsprozess wird man in reflektierter Weise nämlich nur dann formulieren können, wenn man diejenigen kulturgeschichtlichen Horizonte mit einzubeziehen vermag, auf die sich die Völker Chinas bereits seit den ersten Modernisierungsschüben des siebzehnten Jahrhunderts und dann vor allem seit 1900 immer schon beziehen.

Dies gilt nach dem Ende des Kalten Krieges nun in besonderem Maße. Zwar war mit der Ping-Pong-Diplomatie dieser „Krieg" für China bereits in den siebziger Jahren des 20. Jahrhunderts beendet worden, doch erst mit den globalen Verschiebungen seit 1989 wird auch für China eine Neupositionierung überfällig. Unter den auch internationale Aufmerksamkeit findenden Positionen ist die von Wang Hui nur eine unter vielen.[3] Wie nunmehr im Nahen Osten, so müssen auch in China die Menschen die volle Verantwortung für sich übernehmen. Seit die Feindbilder nicht mehr funktionieren, seit Imperialismus und Kapitalismus als Gegenbilder und Bedrohungen verblasst sind, ist es nicht leicht, einen neuen Kompass für die eigene Entwicklung zu finden. So gilt auch für China, was Bernard Lewis für den Nahen Osten konstatiert und was ein Rezensent folgendermaßen zusammenfasste: „Im Ringen um Freiheit scheint nun auch dort die Morgenröte der liberalen Globalära auf."[4] Doch es bleibt die kulturelle Durchdringung, der Eigensinn und die Suche nach den besseren Wegen, und das gilt nicht nur für den Nahen, sondern auch für den Mittleren und Fernen Osten, „vom islamischen Iran bis zum kommunistischen China."[5]

Dort ist unvergessen, dass es eine gute Tradition staatlicher Fürsorge gab, die ihre Mängel hatte, die aber erst nach der Konfrontation mit dem Westen zusammenbrach. Die Autorität und Legitimität von Herrschaft beruhte wesentlich auf deren Garantie von Verteilungsgerechtigkeit, und daran werden bis heute politische Systeme gemessen. Man erinnert sich auch

---

3   Siehe Wang Hui, The End of the Revolution. China and the Limits of Modernity. London-New York 2009.
4   Wolfgang G. Schwanitz, Eine neue Ära. Bernard Lewis über das Ende einer Epoche im Nahen Osten, in: Süddeutsche Zeitung Nr. 125 (31. Mai 2011), S. 16. – Siehe Bernard Lewis, The End of Modern History in the Middle East. Stanford, Cal. 2011
5   Ebd.

der menschenverachtenden Haltung in Fragen der Hungerbekämpfung nicht nur im kolonisierten Indien, sondern auch in China und hat dabei die britische Polemik gegen eine Politik der Hungerbekämpfung durch die geschwächte sino-mandschurische Administration nicht vergessen. Tatsächlich war die Schwächung etwa des Getreidespeichersystems nicht erst eine Folge der Herausforderungen durch die westlichen Mächte, sondern schon der zunehmenden Monetarisierung der Wirtschaft, aber auch die Grenzkonflikte im Nordwesten Chinas im 18. Jahrhundert und die Weigerung der Implementierung bereits technisch möglicher Infrastruktur im 19. Jahrhundert trugen mit zur Schwächung der Katastrophenbekämpfung bei. So verwundert es nicht, dass bereits 1929 der westlich gebildete Politikwissenschaftler Luo Longji als Mitglied einer Menschenrechtsinitiative in den Entwurf einer Liste von 35 Menschenrechten an 17. Stelle die Forderung nach Hilfe „bei Fluten, Dürren und Epidemien" als staatliche Pflicht, nicht als Wohltätigkeitshandlung aufführte.[6] Angesichts dieser langen Vorgeschichte der Durchsetzung von Menschenrechten einerseits und vor dem Hintergrund der Vernachlässigung bzw. Benachteiligung der nichtwestlichen Gesellschaften durch den Westen andererseits ist es sinnvoll, den Status der wechselseitigen Erwartungen zwischen einzelnen Personen und staatlichen Institutionen in früheren Jahrhunderten in den Blick zu nehmen. Denn gelungene institutionalisierte Formen der Lebens- und Existenzsicherung in den verschiedenen Gesellschaften früherer Jahrhunderte erlauben auch in dieser Hinsicht China ein spezifisches Selbstbewusstsein und stützen die Annahme, dass parallel zu den frühneuzeitlichen Entwicklungen in Europa und noch vor der Epoche der Europäischen Aufklärung in China ein Fortschritt erreicht war, an den das heutige China eher anzuknüpfen bereit sein könnte als an die Traditionen Europas und seiner Nationen, die bis zum Ende des letzten Jahrhunderts überwiegend gleichgültig waren gegenüber der Ausbeutung und Benachteiligung der nichtwestlichen Welt durch den

---

6   Siehe Pierre-Étienne Will, La contribution chinoise à la Déclaration universelle des droits de l'Homme, in: Mireille Delmas-Marty and Pierre-Étienne Will, Hg., La Chine et la démocratie. Paris 2007, hier S. 336. – Siehe auch Helen Dunstan, Heirs of Yu the Great: Flood Relief in 1740s China, in: T'oung Pao 96 (2011), S. 71–542, hier S. 535.

Westen. Deshalb – und schon gar wenn man China und den Chinesen
eine länger zurückreichende Erinnerung und ein Recht auf ihre eigene
Geschichte zugesteht – bleibt es wichtig, die Dynamik der letzten Jahrhunderte im Bewusstsein zu halten, die Zeiten von Fortschritten und
Luxus, von Aufstands- und Protestbewegungen und von politischen
Debatten und gesellschaftlichen Umbrüchen, Erscheinungen, die in so
vielem den Turbulenzen der Gegenwart ähneln und die in China keineswegs vergessen sind.

II Eine Geschichte von Neuerfindungen und Wendezeiten

Die großen Wenden

Auch wenn sich China eine fünftausendjährige Geschichte zuschreibt, so sind es vor allem doch die Erfahrungen der letzten Jahrhunderte, die bis in die Gegenwart wirken. Angesichts der Herausforderungen durch die Modernisierungsprozesse, die zu erwartenden Machtwechsel und die gänzlich ungelöste Frage der Verteilung gesellschaftlichen Reichtums stellt sich die Frage, an welchen Vorbildern und welchen Idealen sich eine Neuausrichtung orientieren könnte. Der Ruf nach Gerechtigkeit, das Unbehagen an der rücksichtslosen Ausbeutung aller Ressourcen und an der Aneignung durch Einzelne, durch privilegierte Familien oder anonyme Konzerne, lässt in China den Blick in die Vergangenheit schweifen, an deren Wendepunkten viele Rezepte für die Gegenwart suchen.

China hat im Laufe seiner Geschichte vielerlei Wenden und Umbrüche erfahren. In der historisch besser überschaubaren Zeit waren es die Wende zur Bronzezeit und die Durchsetzung einer die Kultur auf Dauer einigenden Schriftsprache [1] sowie die mit der Einführung des Eisenpflugs verbundene technologische und administrative Rationalität, gefolgt von

---

1 Zur Bedeutung der Schrift für die Staatlichkeit und die Kulturentwicklung in China siehe Mark Edward Lewis, Writing and Authority in Early China. Albany 1999.

der politischen Einheit unter der Dynastie Qin (221–207 v. Chr.). Es kamen der Buddhismus, der Buchdruck, es kamen fremde Völker und errichteten eigene Reiche auf chinesischem Territorium wie die Khitan, die Dschurdschen und die Mongolen – und immer wieder war ungewiss, ob sich China unter Rückgriff auf die klassischen Traditionen neu erfinden würde.[2]

Im 14. Jahrhundert, als die Mongolenherrschaft zusammen brach, war der Ausgang abermals völlig offen. Würde China wieder erstehen? Es gelang einer charismatischen Führergestalt, dem aus einfachen Verhältnissen stammenden Zhu Yuanzhang (1328–1398), nach langen Bürgerkriegen und Zuständen, wie sie in Europa vielleicht in den schlimmsten Zeiten des 30jährigen Krieges herrschten, die neue Dynastie Ming (1368–1644), die „Leuchtende", zu errichten. Seine erste Hauptstadt, Nanjing, und dann die zweite, den Herrschaftssitz der Mongolen beerbende Hauptstadt Peking, zeugen heute noch vom Gestaltungswillen dieses Dynastiegründers, der China neu konstituierte, ja in gewisser Weise neu erfand, und der ein Rechtssystem schuf, welches dazu beitrug, das Reich – seit dem 17. Jahrhundert unter Führerschaft des nordostasiatischen Stammes der Mandschuren – über mehr als ein halbes Jahrtausend zu erhalten.

Solche Umbrüche und Veränderungen während der Kaiserzeit bis zu deren Ende im Jahre 1911 sind lange übersehen worden. In den letzten Jahrhunderten war man im Westen eher daran interessiert, die große Kontinuität zu betonen, doch werden heute dort ebenso wie in China selbst sehr viel deutlicher die Veränderungen und die Dynamiken in der historischen Entwicklung erkannt. Zum Klischee von der langen Kontinuität trug auch das Interesse der herrschenden Kreise im neueren China bei, sich gegenüber dem alten China als Erneuerer profilieren und zugleich auf eine lange Geschichte zur Legitimation berufen zu können.[3]

Unter der Mandschu-Herrschaft erreichte China seit dem 17. Jahrhundert eine bis dahin nicht gekannte Ausdehnung, die Chinas Existenz als Vielvölkerstaat überhaupt erst begründete. Es war jenes Jahrhundert,

2 Zur Übersicht siehe Helwig Schmidt-Glintzer, Kleine Geschichte Chinas. München 2008.
3 Siehe Benjamin A. Elman und Martin Kern, Hg., Statecraft and Classical Learning. The *Rituals of Zhou* in East Asian History. Leiden-Boston 2010.

in dem eine bereits sehr selbstbewusste Bürokratie und ein ausgeprägtes Handels- und Wirtschaftsleben sich relativ leicht einer durch eine fremdländische Herrschaftselite geführten Dynastie anzupassen vermochten, während für die Intellektuellen diese Fremdherrschaft zunächst geradezu ein Schock gewesen sein muss. Doch wichtiger noch ist in diesem Zusammenhang, dass diejenigen Beamten, die im Übergang von der „nationalen" Ming zur mandschurischen Qing die Seite wechselten und somit zwei Dynastien dienten, in ihrer eigenen Zeit durchaus akzeptiert und geachtet wurden. Der Prototyp dieses „Dieners zweier Herren" (*erchen*) war Hong Chengchou (1593−1665).[4] In der Historiographie des 18. Jahrhunderts dann, insbesondere zur Zeit des Qianlong-Kaisers (regierte 1736−1795), wurden solche jedoch als Verräter gebrandmarkt.[5] Darin erkennen wir eine Normenverschiebung wie sie China mehrfach erlebt hat und derzeit offenbar wieder durchmacht. Der Wandel in der Bewertung wechselnder Loyalitäten in Wendezeiten zeigt, wie die Entstehungssituation der Mandschu-Dynastie selbst später tabuisiert wurde, sicher mit der Intention, abermaligen Dynastiewechsel zu verhindern – und dann eben doch gerade solches befördernd! Hierin liegt auch eine der vielen Wurzeln für die Ambivalenz gegenüber staatlicher Herrschaft, welche stets auch die Herrscher verunsicherte und von der weiter unten noch ausführlicher die Rede sein wird.

Das 17. Jahrhundert war auch jene Zeit, in der sich China erstmals intensiv mit den europäischen Einflüssen auseinandersetzte und an deren Ende, reichend bis ins 18. Jahrhundert, China noch einmal die ganze Vielfalt der eigenen Traditionen einzufangen und zu konservieren suchte. Es war jenes Jahrhundert, in dem China sich in Europa höchster Wertschätzung erfreute, danach jedoch wie alle Länder Asiens, Lateinamerikas und Afrikas herabgewürdigt wurde. Es war auch jenes Jahrhundert, in dem sich der Westen ein intensiveres Bild von China verschaffte, ein Bild, das dann für China in mehrfacher Hinsicht bestimmend werden sollte. Denn in gewisser Weise stabilisierte sich das Mandschu-Reich

---

4 Siehe hierzu Chen-main Wang, The Life and Career of Hung Ch'eng-ch'ou (1593–1665): Public Service in a Time of Dynastic Change. Ann Arbor, Mich. 1999.

5 Wing-ming Chan, Qianlong Emperor's New Strategy in 1775 to Command Late-Ming Loyalists, in: Asia Major, 3rd sér., 13:1 (2000), S. 109–137

durch die Spiegelung in europäischen Reiseberichten, und das China der ausgehenden Ming- und der frühen Mandschu-Dynastie samt der Palastanlagen und der bürokratischen Verwaltungspraxis wurde in einer Weise zum Leitbild, dass China sich auch bald selbst so wahrnahm, als sei es immer schon so gewesen. Diese Vorstellung von dem statarischen Charakter Chinas (G.W.F. Hegel) begünstigte im frühen 20. Jahrhundert eine Identitätskrise, die sich gelegentlich bis zum Selbsthass steigerte.[6]

Diese neue Wahrnehmung Chinas wird besonders deutlich in den Werken des aus Südtirol stammenden Martin Martini (1614–1661), der als Mitglied der Societas Jesu 1643 über Goa nach China gekommen war, wo er seine Eindrücke in dem Werk *De Bello Tartarico Historia* niederlegte. Berühmter noch als dieses Werk wurde sein *Novus Atlas Sinensis*, ein Meilenstein in der Kartographie Chinas, den Joan Blaeu 1655 in Amsterdam als Band VI seines *Theatrum orbis terrarum* veröffentlichte.

Trend zur Modernisierung und Protestbewegungen

Der Umstand, dass China noch bis über die Mitte des 18. Jahrhunderts hinaus als allen anderen Reichen der Erde überlegen gelten konnte, hat auch damit etwas zu tun, dass bereits unter der Dynastie Ming der Durchbruch zu einer frühen Moderne gelegt worden war, auf der die Dynastie der Mandschu aufbauen konnte. Daher spricht man auch von einem Modernisierungsschub in China seit der späten Ming-Zeit, und es gilt die Mitte der Ming-Zeit, das 16. Jahrhundert, als eine Epochenschwelle, wirtschaftlich wie kulturell.[7] Neue Formen der Öffentlichkeit bilden sich heraus, und in der wirtschaftsgeschichtlichen Literatur ist von „kapitalisti-

---

6 Die Begründung von Jonathan D. Spence, sein Werk „The Search for Modern China" (New York and London 1990) mit dem 17. Jahrhundert zu beginnen, bezieht sich auf diesen Umstand; siehe ebd. S.XX.

7 Siehe hierzu auch Ray Huang, 1587. A Year of no Significance: The Ming Dynasty in Decline, New Haven 1981. [dt. von Gudrun Wacker, Ray Huang, 1587. Ein Jahr wie jedes andere. Der Niedergang der Ming, Frankfurt/Main 1986.] – Zur Frage, ob es sich tatsächlich um eine Epochenschwelle handelt, siehe die Überlegungen von Benjamin A. Elman, From Philosophy to Philology, Cambridge, Ma. 1984, und Ders., Classicism, Politics, and Kinship. The Ch'ang-chou School of New Text Confucianism in Late Imperial China, Berkeley, Cal. 1990.

schen Sprossen" die Rede.[8] Diese neue Wendung, die einen Niederschlag auch auf dem Gebiet der Geschichtsschreibung gefunden hat, verlief parallel zu den Veränderungen, die den Dynastiewechsel von Ming zu Qing im 17. Jahrhundert vorbereiteten.[9] Die Wanli-Periode (1573–1619) war eine Zeit der Dekadenz und der Unordnung – ein Bild, welches in der späteren Historiographie stark überzeichnet wurde. Danach gab es zahlreiche Bauernrebellionen sowie Massendemonstrationen, zum Beispiel in Suzhou, wo Literaten und Tausende aus der Bevölkerung gegen den grausamen Eunuchen Wei Zhongxian (1568–1627), den Vertrauten der für den Kaiser Xizong (regierte 1620–1627) herrschenden Regentin, protestierten. Überhaupt war die Stimmung der Zeit einem gesteigerten Selbstgefühl und einem gewissen Hang zur Exzentrik förderlich, was nicht nur in der Dichtung, sondern in den Künsten überhaupt zum Ausdruck kam, beispielsweise in der Malerei bei dem mit dem individualistischen Dichter Yuan Hongdao (1568–1610) befreundeten Maler Dong Qichang (1555–1636).

Die Neuentdeckung des eigenen Selbst im 16. Jahrhundert[10] fand ihren Ausdruck auch im religiösen Bereich, in der Praktizierung etwa von Sündenbekenntnissen und einer täglichen Beobachtung der eigenen Taten, was manchen an die Ethik des puritanischen Protestantismus erinnert hat.[11] Am bekanntesten sind entsprechende Anweisungen zur Selbstkontrolle, zu einer täglichen Bestandsaufnahme der eigenen guten Werke und der Verfehlungen durch Zhuhong (1535–1615), der die buddhistische Chan-Lehre der Selbsterkenntnis durch Meditation einerseits und die eine Wiedergeburt im Paradies des Westens predigende Lehre

---

8 Siehe Helwig Schmidt-Glintzer, Strukturwandel der Öffentlichkeit in China, in: Orientierungen. Zeitschrift zur Kultur Asiens, 2/2004, 16. Jg., Nr. 2, S. 20–66.

9 Siehe Helwig Schmidt-Glintzer, China im Wandel im 17. Jahrhundert, in: Klaus E. Müller, Hrsg., Historische Wendeprozesse. Ideen, die Geschichte machten. Freiburg, Basel, Wien 2003, S.128–145.

10 Siehe Jonathan Chaves, The Expression of Self in the Kung-an School. Non-Romantic Individualism, in: Robert E. Hegel, R. C. Hessney (Hg.), Expressions of Self in Chinese Literature, New York 1985, S. 123–50.

11 Siehe Cynthia J. Brokaw, The Ledgers of Merit and Demerit. Social Change and Moral Order in Late Imperial China. Princeton, N.J. 1991.

vom Reinen Land andererseits miteinander vereinigte.[12] Im 16. Jahrhundert war das Bewusstsein eines großen Teils der Literatenschicht offenbar geprägt von dem Gedanken, in einer Zeit eigenen Rechts zu leben.[13] Solche Vorstellungen hatte es in der Geschichte immer wieder gegeben, doch bezog sich dieses Bewusstsein nun nicht mehr nur auf das Selbstverständnis einzelner Herrscher und ihrer Berater, die aus diesem Gedanken heraus ihre eigene Politik zu legitimieren trachteten, sondern der Gedanke, in einer Zeit eigenen Rechts zu leben, wurde nun auch von den Angehörigen jener Schicht betont, die bis dahin ihre Privilegien gerade durch die Berufung auf die Traditionen zu sichern gesucht hatte.

Das hervorstechende Merkmal der Ming-Zeit auf dem Gebiet der Geschichtsschreibung ist die kritische Haltung gegenüber historischem Material,[14] eine Wendung, die mit der Abkehr von der sich auf die Lehren des Zhu Xi (1130–1200) berufenden Orthodoxie und der Hinwendung zu Denkern wie Wang Shouren (1472–1529, besser bekannt unter seinem anderen Namen Wang Yangming) aufs engste verknüpft ist.[15] Im Gefolge der Internalisierung konfuzianischer Moralvorstellungen bei großen Teilen der Bürokratie seit der Zeit der Mongolenherrschaft (13./14.Jh.) hatten sich deren Angehörige nicht mehr als Stellvertreter bzw. Werkzeuge eines Himmelssohnes empfinden können, sondern sie fühlten sich verantwortlich für das Gemeinwohl eines Staates, ganz unabhängig von dem jeweiligen Herrscher.[16] Diese Entwicklung prägt einen erheblichen Teil der

---

12 Siehe Chün-fang Yü, The Renewal of Buddhism in China. Chu-hung and the Late Ming Synthesis, New York 1981; siehe auch Pei-yi Wu, Self-Examination and Confession of Sins in Traditional China, in: Harvard Journal of Asiatic Studies 39 (1979), S. 5–38.

13 Siehe hierzu die Ausführungen in den Kapiteln 34 und 35 in Helwig Schmidt-Glintzer, Geschichte der chinesischen Literatur, München 1990; 2. Aufl. 1999.

14 Wolfgang Franke, Historical Writing During the Ming in: Frederick W. Mote, Denis Twitchett (Hg.), The Cambridge History of China, Bd. 7, Cambridge 1988, S.726–782, hier S. 729.

15 Manche der hier vorgetragenen Gedanken und Beobachtungen finden sich in dem folgenden Beitrag: Helwig Schmidt-Glintzer, Die Modernisierung des historischen Denkens im China des 16.-18. Jahrhunderts und seine Grenzen, in: W. Küttler, J. Rüsen, E. Schulin, Hg., Geschichtsdiskurs. Band 2: Anfänge modernen historischen Denkens, Frankfurt/Main 1994, S. 165–179.

16 Siehe hierzu John W. Dardess, Confucianism and Autocracy. Professional Elites in the Founding of the Ming Dynasty, Berkeley 1983.

Intellektuellen Chinas, und auf solche Gemeinwohlorientierung stützt die KP Chinas bis heute ihre Legitimation.

Im 16. Jahrhundert ließen einzelne Regierungsämter über sich Handbücher erstellen, in die authentische Fälle und Dokumente aufgenommen wurden. Diese stehen in Zusammenhang mit der „Staatskunstlehre" (*jingshi*)-Bewegung, wie sie vor allem auch von der sogenannten Donglin-Partei vertreten wurde, jener nach der Donglin-Akademie bezeichneten Strömung, die eine besondere Ausprägung des Ethos der Staatsverantwortung der Literaten war[17]. In der späten Ming-Zeit hatte die Zahl der Akademien derart zugenommen, dass sie nicht nur zu Stätten der Ausbildung und des intellektuellen Diskurses, sondern auch der politischen Fraktions- und Parteibildung geworden waren. Die bedeutendsten, insbesondere politische Ziele verfolgenden Gruppierungen jener Zeit waren die erwähnte Donglin-Akademie und die „Erneuerungs-Gesellschaft" (Fushe, wörtl. übersetzt eigentl. „Gesellschaft für die Rückkehr zum Altertum") gewesen. Die zunehmende Wertschätzung dokumentarischen Materials, aber auch das gewachsene Interesse an Fragen der politischen Gestaltung spiegelt sich dann auch in den seit dem 17. Jahrhundert kompilierten Sammlungen von staatspolitischen Schriften (*jingshiwen* oder *jingjiwen*), die zumeist von hochrangigen Beamten verfasste Throneingaben, Vorschläge, Berichte an den Herrscher oder Mitteilungen an andere Regierungsstellen enthielten.

Neue Formen der Öffentlichkeit und Kultivierung der eigenen Person

Ausdruck neuer Formen der Öffentlichkeit war die Hauptstadtzeitung, *Dibao* oder *Tangbao*, die bereits vor der Ming-Zeit existierte und in den Regierungsämtern der Hauptstadt zirkulierte,[18] die jedoch erst in der spä-

---

17 Siehe die Studie von Heinrich Busch: The Tung-lin Academy and Its Political and Philosophical Significance, in: Monumenta Serica 14 (1949–55), S. 1–163; einen Überblick gibt John Meskill, Academies in Ming China. A Historical Essay, Tucson, Arizona 1982.

18 Siehe hierzu Klaus Flessel, Early Chinese Newspapers (10th-13th Centuries), in: T.Grimm, P.M.Kuhfus, G.Wacker (Hg.), Collected Papers of the XXIXth Congress of Chinese Studies. European Association of Chinese Studies, Tübingen 1988, S. 61–71. – Siehe allgemein auch Klaus Flessel, Der Staat und das ge-

teren Ming-Zeit zu einer festen Institution wurde. Zunächst wurde sie in Abschriften verbreitet, und erst seit 1628 in einer Druckausgabe hergestellt, bei der bemerkenswerterweise bewegliche Lettern verwendet wurden. Diese Einrichtung wurde von der Mandschu-Regierung übernommen und später als *Jingbao* (Peking Gazette) bekannt. Das Bewusstsein des zunehmenden Eigenwertes der einzelnen territorialen Gliederungen schlägt sich auch in der seit dem 16. Jahrhundert sprunghaft zunehmenden Zahl von Lokalchroniken (*difangzhi*), Provinz-, Präfektur-, Kreisund Stadtbeschreibungen, nieder. Hinzu treten vermehrt Reiseberichte, der bekannteste unter ihnen der des Xu Hongzu (1587–1641) (*Xu Xiake youji*), die neben literarischen Zeugnissen zunehmend Eigenbeobachtungen in den Vordergrund stellen. Dies gilt insbesondere für die monumentale Reichsbeschreibung, *Tianxia junguo libingshu* von 1662, des Gu Yanwu (1613–1682),[19] der allerdings weniger Interesse an historischen Stätten hat, sondern der vielmehr „die Gegenden bäuerlicher Aufstandsbewegungen persönlich in Augenschein nehmen möchte, um so die strategischen Gegebenheiten kennenzulernen".[20] – Neu war auch eine Form biographischer Geistesgeschichte wie die 1676 fertig gestellte „Darstellung der Konfuzianer der Ming-Zeit" (*Mingru xue'an*) von Huang Zongxi (1610–1695).

Die Komplizenschaft einer die moralischen Ideale missachtenden autoritären Monarchie mit der Korruption des Einzelnen hatte bereits unter der Dynastie Ming das konfuzianische Ideal der Kultivierung der eigenen Person und der Vervollkommnung der Welt unerreichbar werden lassen. Daher wurde der Sturz der Ming-Dynastie in der Mitte des 17. Jahrhunderts von vielen als Scheitern sowohl des öffentlichen als auch des privaten Konfuzianismus betrachtet. Bei dem Versuch einer Neuorientierung der Literaten und Intellektuellen in den ersten Jahrzehnten

druckte Wort im alten und neuen China, in: Peter M. Kuhfus (Hg.), China – Dimensionen der Geschichte, Tübingen 1990, S.81–97.

19 Siehe Rolf Trauzettel, Gu Yanwu: Konfuzianer unter einer Fremdherrschaft, in: Orientierungen 1/1991, S. 27–42.

20 Siehe Étienne Balázs, Political Theory and Administrative Reality in Traditional China, London 1965, S., 31–32; vgl. Willard Peterson, The Life of Ku Yen-wu (1612–1682), in: Harvard Journal of Asiatic Studies 28 (1968), S. 114–156; 29 (1969), S. 201–247.

der Mandschu-Herrschaft glaubte man sich daher nicht mehr auf Selbstkultivierungsideale des 16. Jahrhunderts berufen zu können, sondern suchte einen neuen, unmittelbaren Zugang zu den Quellen der konfuzianischen Lehre, vor allem zu den Klassikern. Die konsequente und schonungslose Anwendung philologischer Kenntnisse und anderer Wissenschaften, wie der Astronomie zur genauen Datierung, hatte eine Offenheit für das Unverhoffte und Unvorhergesehene zur Folge, wie es sie in China zuvor nicht gegeben hatte. Den Gelehrten dieser Epoche, die vor allem in den reichen Gegenden am Unteren Yangzi-Lauf lebten oder in der Hauptstadt Peking residierten, verdanken wir übrigens zu nicht geringem Teil unsere Kenntnisse des chinesischen Altertums und der Klassiker.[21]

Die Hinwendung der Literaten des 17. Jahrhunderts zu philologischen und sonstigen praktischen Interessen hatte jedoch auch andere Gründe. Hier ist einmal die rigide Zensur zu nennen, die eine Entpolitisierung der Intellektuellen bewirkte. Diese hatten zudem die Verfolgungen der Donglin-Partei durch den oben bereits erwähnten Eunuchen Wei Zhongxian am Ende der Ming-Dynastie als abschreckendes Beispiel vor Augen, so dass ihnen die Klassikergelehrsamkeit eine willkommene Zuflucht bot, zumal sich die Zensur in erster Linie und fast ausschließlich auf regierungsfeindliche Äußerungen bezog und die sonstigen Bereiche literarischer Aktivitäten weitgehend unbehelligt ließ. Die Mandschu-Regierung lockerte erst allmählich ihre restriktive Politik den Literaten und dem Publikationswesen gegenüber, da sie sich nicht nur den organisierten und seit der späten Ming-Zeit einflussreichen, vor allem an der Beförderung eigennütziger Ziele interessierten Literatengesellschaften gegenübersah, sondern der Propaganda einer regelrechten mandschufeindlichen Stimmung einen Riegel vorschieben wollte. Zugleich verstand es die Mandschu-Regierung, Angehörige der Literatenschicht an sich zu binden, indem sie bald eine große Zahl literarischer gelehrter Unternehmungen förderte. Andererseits bildete sich allmählich auf Veränderungsbereitschaft gerichtetes Denken aus und fand

---

21 Siehe Benjamin A. Elman, From Philosophy to Philology, Intellectual and Social Aspects of Change in Late Imperial China, Cambridge, Mass. 1984; Ying-shih Yü, Some Preliminary Observations on the Rise of Ch'ing Confucian Intellectualism, in: Tsing Hua Journal of Chinese Studies, N.S., 11.1–2 (1975).

einen ersten profilierten Ausdruck in den Texten Yun Jings (1757–1817) – einem Vorläufer und Wegbereiter Wei Yuans, Gong Zizhens und Kang Youweis –, insbesondere in dessen acht Aufsätzen über die Reformen während der Drei Dynastien des Altertums Xia, Shang und Zhou, in denen er der Reformbedürftigkeit des Mandschu-Reiches Ausdruck verlieh.[22]

Die Besonderheit des 17. Jahrhunderts und die Neudefinition des Kaisertums

Das China des 17. Jahrhunderts war also erst in zweiter Linie aus der Sicht der Ost-West-Beziehungen eine Zeit des Wandels und des Umbruchs. Wandel und Umbrüche hatten bereits vorher eingesetzt und die grundlegenden Veränderungen vorbereitet. Der westlichen Forschung hat es stets gefallen, Parallelen zur europäischen Krise im 17. Jahrhundert in anderen Teilen der Welt zu suchen. Als Faktoren wurden dabei Klimaveränderungen, Ernteertragsminderungen, Steuerausfälle, soziale Verwerfungen, politische Konflikte, Währungsverfall oder Epidemien genannt.[23] Aus der Retrospektive ließ vor allem der Umstand, dass fremde Völker unter Führerschaft der Mandschu China eroberten und beherrschten, das 17. Jahrhundert als besonderen Einschnitt erscheinen. Dagegen werden, wie Lynn A. Struve festgestellt hat, die dramatischen und weite Teile der Bevölkerung traumatisierenden Vorgänge in der späteren Historiographie eher entdramatisiert und die Eroberung und Verwüstung weiter Teile Chinas nicht nur durch Mandschu-Truppen,

22 Siehe hierzu Benjamin A. Elman, Classicism, Politics, and Kinship. The Ch'angchou School of New Text Confucianism in Late Imperial China, Berkeley, Cal. 1990, S. 307ff.

23 Siehe hierzu Lynn A. Struve, Voices from the Ming-Qing Cataclysm. China in Tigers' Jaws. New Haven 1993, S. 2ff. Siehe auch S.A.M. Adshead, The Seventeenth Century General Crisis, in: Asian Profile, 1.2 (Okt. 1973), S.271–280; William S. Atwell, Some Observations on the ‚Seventeenth-Century Crisis' in China and Japan, in: Journal of Asian Studies 45.2 (Febr. 1986), S.223–244; Frederic E. Wakeman, Jr., China and the Seventeenth-Century Crisis, in: Late Imperial China 7.1 (June 1986), S.1–26. Zum Niedergang am Ende der Ming-Dynastie siehe Ray Huang, 1587. Ein Jahr wie jedes andere. Der Niedergang der Ming. Frankfurt/ Main 1986; Albert Chan, The Glory and Fall of the Ming Dynasty. Norman 1982.

sondern auch durch andere Gruppen, darunter maraudierende chinesische Soldaten und Sozialrebellen, verharmlost.[24] Es gibt vor allem zwei Gründe für diese die Brutalitäten und Zerstörungen weitgehend verschweigende Darstellungsweise: die im 20. Jahrhundert gesteigerte Bemühung, Minoritäten möglichst nicht pejorativ zu konnotieren sowie die positive Haltung gegenüber Rebellionsbewegungen, in deren Tradition sich insbesondere die Kommunistische Partei selbst stellte. Für eine solche schonende Behandlung spricht aber auch, dass es sich bei den Mandschu tatsächlich um eine sehr bunte Mischung verschiedener Dschurdschen-Stämme handelte, die sich erst seit 1635 als „manju" oder „manzhou" bezeichneten, so dass eben irgendwelche „Schuld" sich nicht einem klar identifizierbaren Volk zurechnen lässt.[25] – Ein weiterer Grund für das schiefe Bild ist die geringe Zahl von Berichten aus den besonders von Verwüstungen betroffenen Gebieten, während die zahlreichen Berichte insbesondere aus den Gegenden am Unteren Yangzi-Lauf von Zerstörungen berichten, die aufgrund der wirtschaftlichen Potenz der Region rasch hatten überwunden werden können.[26]

Der Wandel erfolgte nicht allein im Jahr 1644, sondern innerhalb eines sehr viel längeren Verlaufs und ging weit über die das ganze Reich erfassenden Unruhen der Jahre 1640–1652 hinaus und umfasste zumindest die sechzig Jahre von 1624 bis 1683 und wurde auch deswegen oft nicht als solcher wirklich wahrgenommen. Die Veränderungen lassen sich erst aus der Sicht der sogenannten „Späten Ming-Zeit", etwa der Wanli-Periode (um 1590), einerseits und der Blütezeit der Qing, etwa der

---

24 Lynn A. Struve spricht von „a sort of sanitization of the conquest period", op.cit., S.2f.

25 Siehe Pei Huang, New Light on the Origins of the Manchus, in: Harvard Journal of Asiatic Studies 50.1 (1990), S.239–282. Auch die von Nurhaci (1559–1626) erstmals organisierten „Banner" bestanden aus Mandschus, Mongolen und chinesischer Grenzbevölkerung.

26 Zur überdurchschnittlich großen Zahl von zeitgenössischen Berichten und Darstellungen der Bürgerkriege, Invasionen und Rebellionen – allein aus der Zeit zwischen 1644 und 1662 sind 199 Werke erhalten – siehe Lynn A. Struve, The Ming-Qing Conflict, 1619–1683. A Historiography and Source Guide. Ann Arbor, Michigan 1998, S. 7ff.

Yongzheng-Periode (um 1730) recht erfassen.[27] Und doch war das Jahr 1644 signifikant, weil die Fremdherrschaft der Mandschu sich langfristig als das geringere Übel erweisen sollte. Innerhalb von sechs Wochen in der ersten Hälfte dieses Jahres fiel Peking zwei Mal in die Hände von Eroberern. Am 25. April besetzten die Truppen der von Li Zicheng geführten Aufständischen die Stadt, gefolgt von den Mandschutruppen am 5. Juni. Der Selbstmord des Chongzhen-Kaisers auf dem Kohlenhügel und der sechs Wochen dauernde Terror Li Zichengs in Peking und Umgebung machten es den Mandschu leichter, das Macht- und Regierungszentrum Chinas zu besetzen, dessen bauliche Substanz, insbesondere der Palast, fortbestanden, während sich sonst so vieles änderte. Die Mandschu-Eroberer wurden von vielen begrüßt, weil sie die Wiederherstellung geordneter Verhältnisse und insofern Kontinuität verhießen, obwohl noch gänzlich unklar war, wie die Verwaltung und insbesondere der Staatshaushalt saniert werden könnten. Ganz ähnlich verhielt es sich dreihundert Jahre später, als China durch die Rote Armee der Kommunistischen Partei geeint wurde. Natürlich spielte Propaganda eine große Rolle, und gezielte Desinformation, wie sie mit besonderem Geschick Li Zicheng betrieb, der den Egoismus und das Luxusleben der Elite anprangerte und gerechte Verteilung und Entlastung versprach. Umso größer war dann die Enttäuschung, als seine Truppen es noch viel schlimmer werden ließen. Besonders dramatisch wurde von manchen der Selbstmord des Chongzhen-Kaisers dargestellt. Er habe ein Testament hinterlassen, demzufolge er, der von seinen Ministern getäuscht worden sei, alle Schuld auf sich nehme und den Rebellen anheimstelle, seinen Leichnam zu schänden und seine Beamten zu schlachten; nur die kaiserlichen Gräber und jeder einzelne seiner Untertanen solle geschont werden.[28] Mit solcher Propaganda versuchte die Rebellenarmee die Loyalität des Volkes an sich zu binden und sich zum Vollstrecker des Willens des letzten Herrschers zu machen. Weil aber die Mandschutruppen selbst rechtzeitig eine Politik der Schonung beschlossen, entsprachen auch sie

27 Dies versuchen etwa die Studien in dem Sammelband Jonathan D. Spence, John E. Wills, Jr. (Hg.), From Ming to Ch'ing. Conquest, Region, and Continuity in Seventeenth-Century China. New Haven and London 1979.

28 Siehe Frederic Wakeman, Jr., The Shun Interregnum, in: Spence, Wills, Hg., From Ming to Ch'ing (s.o.), S.51.

den durch Li Zicheng geweckten Erwartungen und wurden daher von manchen als Erlösung empfunden.[29] Dies erleichterte es ihnen, sich als Nachfolge-Dynastie des Ming-Kaiserhauses zu etablieren. Entsprechend erklärte Dorgon in Peking, die Ming-Dynastie sei durch Banditen zerschlagen worden. Da jedoch das Reich keine Privatangelegenheit sei, sondern den Tugendhaften gehöre, und da auch Armee und Bevölkerung kein Privatbesitz seien, sondern von den Tugendhaften angeführt würden, sei er nun angetreten, Vergeltung an den Feinden des ehemaligen Herrschers zu üben.[30]

Trotz der ganz China erfassenden Umwälzungen im 17. Jahrhundert, hatte es, wie angedeutet, selbstverständlich große regionale Unterschiede gegeben. Dies hing mit lokalen und regionalen Traditionen zusammen, aber auch andere Aspekte wie das Vorhandensein paramilitärischer Verbände auf lokaler Ebene und das regional unterschiedliche Echo auf Konflikte in der Hauptstadt bildeten eine Herausforderung für jede sich neu formierende Staatlichkeit. Hinzu kam, dass sich der Zerfall der Ming-Herrschaft ebenso wie die Konsolidierung der Mandschu-Herrschaft über einen längeren Zeitraum erstreckte. Dabei gelang es dem Qing-Hof weitgehend, sich mit den Mächtigen auf lokaler Ebene zu verbinden. Besonderes Augenmerk muss hier freilich den Städten gelten, die sozial und politisch mobiler geworden waren und in denen sich ein nicht unerhebliches Unruhepotential in kürzester Zeit formieren konnte.

Jenseits aller lokalen und regionalen Differenzierung leitete das 17. Jahrhundert eine Erweiterung des Chinesischen Reiches ein, deren Konsequenzen noch heute die Lage Chinas bestimmen. Eine Epoche der Expansion nach außen und der Kolonisation nach innen begründete eine Reihe jener Zwänge, unter denen China bis heute steht.[31] Auf der Ebene des Hofes und des höfischen Rituals wurden Elemente der seit der Han-Zeit überlieferten Vorstellungswelt mit religiös-kultischen Traditionen der Steppe ver-

---

29 Ebd. S.73.
30 Siehe Frederic Wakeman, Jr., op.cit., S.76; vgl. Xiao Yishan, Qingdai tongshi, Shanghai 1927–32, I, 262.
31 Siehe hierzu Helwig Schmidt-Glintzer, China. Vielvölkerreich und Einheitsstaat. München 1997, S.177–192.

bunden.[32] An die Tradition des herrscherlichen Nach-Süden-Blickens, in die sich bereits die Mongolenherrscher gestellt hatten, hatte Nurhaci angeknüpft, als er sich 1626 zum Herrscher erklären ließ.

Begegnung mit Europa und anti-christliche Polemik

Ähnlich wie in den Städten Europas in der Renaissance und der Frühen Neuzeit gab es auch in China früh Zeiten der Pflege von Luxus und aufwendiger Lebenskultivierung. Dies war in besonderer Weise im China des 16. und des 17. Jahrhunderts der Fall, am Ende der Dynastie Ming, als Luxusgegenstände in besonderer Weise im Zentrum des Interesses der Eliten standen.[33] Freilich stand diese Luxusliebe in krassem Gegensatz zu der Forderung nach Sparsamkeit, der Verurteilung von Verschwendung, wie sie in besonders prominenter Weise in der Schule des „Frühen Sozialisten" und Gegners der Konfuzianer, Mo Di, vorgetragen wurde.[34] Widersprüchlich wurde daher auch der Wohlstand der Chinesen in den frühen europäischen Reiseberichten wahrgenommen. Das Bild Europas im China des 17. Jahrhunderts, im „größten Friedensreich" der Frühen Neuzeit, stand seinerseits in schroffem Gegensatz zum europäischen Chinabild.[35] Gab es aber überhaupt „Europa" für China – oder waren es nicht vielmehr einzelne Länder?[36] Der 30jährige Krieg jedenfalls wurde erstaunlicherweise in China nicht wahrgenommen, sondern erst viel spä-

---

32 Siehe Evelyn S. Rawski, The Last Emperors. A Social History of Qing Imperial Institutions. Berkeley 1998, S. 197ff.

33 Siehe hierzu Craig Clunas, Superfluous Things. Material Culture and Social Status in Early Modern China. Cambridge 1991. Ders., Empire of Great Brightness: Visual and Material Cultures of Ming China. 1368–1644. Honolulu 2007.

34 Siehe Helwig Schmidt-Glintzer, Mo Ti. Von der Liebe des Himmels zu den Menschen. Ausgewählte Schriften. München 1992..

35 Siehe Jürgen Osterhammel, Die Entzauberung Asiens. Europa und die asiatischen Reiche im 18. Jahrhundert. München 1998, S. 81. – Vgl. auch Helwig Schmidt-Glintzer, Europa aus chinesischer Sicht in der Frühen Neuzeit, in: Ronald G. Asch, Wulf Eckart Voß, Martin Wrede (Hg.), Frieden und Krieg in der Frühen Neuzeit. Die europäische Staatenordnung und die außereuropäische Welt. München 2001, S.527–541.

36 Zum Austausch zwischen China und Europa siehe Huang Shijian, Zhongxi guanxi shinianbiao, Hangzhou 1994.

ter, nämlich im 19. Jahrhundert bezogen chinesische Intellektuelle die historischen Erfahrungen Europas in ihre Urteilsbildung mit ein. Vage Kenntnisse voneinander hatte es seit der Antike gegeben.[37] Trotz des regen Seeverkehrs zwischen dem Nahen Osten und China seit dem 7. Jahrhundert wurden erst durch die Begründung des mongolischen Weltreiches im 13. Jahrhundert unmittelbare Verbindungen zwischen Westeuropa und Ostasien hergestellt. Dass bei diesem frühen Austausch in China gewonnene Erkenntnisse eher nach Europa gelangten als umgekehrt, hat sicherlich auch etwas damit zu tun, dass bis ins 13. Jahrhundert China technologisch allen anderen Staaten weit überlegen war, auch wenn manche Kenntnisse und Güter aus Mittel- und Zentralasien stammten, was die chinesische Kultur seit der Tang-Zeit so reich machte. Vielfältiger wurden die Nachrichten seit dem 16. Jahrhundert, doch geronnen Informationen auch dann wieder rasch zu Klischees.[38]

Lange bereits gab es einen internationalen Handel, doch erst im 17. Jahrhundert scheinen sich die Folgen internationaler Geld- und Währungsmärkte offener gezeigt zu haben, und es spricht manches dafür, dass es bereits in jener Zeit eine Krise im globalen Ausmaß gegeben hat.[39] Während einer Phase wirtschaftlicher Depression zwischen 1660 und 1690 klagte der Provinzgouverneur von Jiangning: „Ich erinnere mich noch genau der Jahre 1649–50, vor der Einführung des Seehandelsverbots, dass die Märkte überquollen mit ausländischen Waren. Käufer und Verkäufer benutzten überwiegend ausländische Silbermünzen, die überall im Reiche verbreitet waren. Doch heute findet man solche Münzen nicht mehr. Daran

---

37 Hierzu siehe Folker Reichert, Begegnungen mit China. Die Entdeckung Ostasiens im Mittelalter. Sigmaringen 1992.
38 Wolfgang Franke, China und das Abendland. Göttingen 1962, S. 27.
39 Zur Krise im 17. Jahrhundert siehe The General Crisis of the Seventeenth Century. Hg. von Geoffrey Parker and Lesley Smith. London 1978; Roland Mousnier, Les XVIe et XVIIe siècles: la grande mutation intellectuelle de l'humanité; avènement de la science moderne et l'expression de l'europe. Paris 1993; Roland Mousnier, Peasant Uprisings in the Seventeenth Century: France, Russia and China. Übers. von Brain Pearce. New York 1970. Siehe auch Lynn A. Struve: The Ming-Qing Conflict, 1619–1683. A Historiography and Source Guide. Ann Arbor 1998. – Zu den Auswirkungen von Weltmarktverflechtungen auf die chinesische Wirtschaft siehe auch Sucheta Mazumdar, Sugar and Society in China. Peasants, Technology, and the World Market. Cambridge, Ma. 1998, bes. S. 201f.

zeigt sich, dass die Quelle des Wohlstands versiegt ist."[40] – Allerdings sollte man die Intensität der Geldströme in jener Zeit nicht überschätzen. Denn die im Jahre 1661 verfügte und erst 1683 wieder aufgehobene Seehandelsverbotspolitik alleine hätte keinen solchen Einfluss auf den Rückgang des Silberzuflusses nach China gehabt, hätte es nicht darüber hinaus eine generelle Münzsilberknappheit in jener Zeit gegeben.[41]

Folgenreich wurden neben der ökonomischen die soziale Differenzierung, der neue Reichtum der Händler und nicht zuletzt die veränderte Rolle der Frauen. Namentlich unter diesen war die Akzeptanz des Christentums im China des 17. Jahrhunderts nicht gering. Die Chinamission der Jesuiten hatte Matteo Ricci (1552–1610) begründet, der sich nach 19jähriger Missionsarbeit vor allem im Süden im Jahre 1601 in Peking niederlassen durfte. Es ist dies tatsächlich eine Erfolgsgeschichte, die in einem Edikt des Kangxi-Kaisers vom 5. Februar 1692 gipfelte, der alle Kirchen im Reich unter seinen Schutz stellte und christliche Gottesdienste und Missionsarbeit erlaubte. Diese Erfolge sind wesentlich mit den Nachfolgern Matteo Riccis verknüpft, mit Giulio Aleni (1582–1649), Martino Martini (1614–1661), Johann Adam Schall von Bell (1592–1666), Ferdinand Verbiest (1623–1688), Joachim Bouvet (1656–1730) und vielen anderen. Die Missionspraxis der Jesuiten hatte eine Affinität zu den geistig-moralischen Strömungen jener Zeit, die in moralischen Erbauungsbüchern (*shanshu*) ihren Ausdruck fanden.[42]

Doch früh schon gab es auch anti-christliche Polemik. Von einer ersten wirklich anti-christlichen Bewegung wird für die Zeit von 1616–1621 in Nanjing berichtet.[43] In den 1660er Jahren war der Mandschu-Hof

40 Frei übersetzt nach Richard van Glahn, Fountain of Fortune. Money and Monetary Policy in China, 1000–1700. Berkeley 1996, S. 217. Zur Rolle des Umlaufs des mexikanischen Silbers in jener Zeit siehe auch Carlo M. Cipolla, Die Odyssee des spanischen Silbers. Conquistadores, Piraten, Kaufleute. Berlin 1998.

41 Richard van Glahn, op.cit., S. 224.

42 Zu den *shanshu* siehe Tadao Sakai: Confucianism and Popular Educational Works. In: Self and Society in Ming Thought. Hrsg. von Th. Wm de Bary. New York 1970, S. 331–366.

43 Siehe Erik Zürcher, The first anti-Christian movement in China (Nanjing, 1616–1621), in: Acta Orientalica Neerlandica. Hrsg. von P.W. Pestman. Leiden 1971, S. 188–195. – Siehe auch John D. Young, Confucianism and Christianity. The First Encounter. Hong Kong 1983. Siehe auch Isabel Friemann, Jesuiten in

beherrscht von dem von Yang Guangxian (1597–1669) angestrengten Verfahren gegen Angehörige des Astronomieamtes, das unter der Überschrift „Budeyi" lief.[44] Dabei ist bemerkenswert, dass die Hauptgegner der Christen in der ersten Hälfte des 17. Jahrhunderts nicht die Konfuzianer, sondern die Buddhisten waren,[45] die im Christentum viele Ähnlichkeiten mit ihrer Religion erkannten. Zur Entfremdung zwischen Christen und Buddhisten trugen aber auch die Jesuiten selbst erheblich bei, da sie ihre Lehre mit der des Buddhismus in vielen entscheidenden Punkten für unvereinbar hielten.[46]

Die ausführlichste Kritik am Christentum übten, wie gesagt, zu jener Zeit buddhistische Mönche. Der bereits erwähnte bedeutende Mönch und Organisator von Laienvereinigungen am Ende der Ming-Zeit, Zhuhong, beschäftigte sich mit dem fehlenden Tiertötungsverbot bei den Christen und mit dem Himmels-Begriff (*tian*). In den Jahren 1635/36 hatten sich dann verschiedene Mönche aus der Rinzai (Linji)-Schule gegen das Christentum gewandt; aber am ausführlichsten kritisierte Ouyi Zhixu (1599–1655), noch als Laie, das Christentum.[47] Diese Tendenzen sind nicht zu erklären ohne das seit dem 16. Jahrhundert verstärkte Engagement von Teilen der chinesischen Elite für den Buddhismus.[48] Wichtig für das Selbstverständnis dieser Elite und ungemein wirksam wurde die

den chinesischen antichristlichen Schriften am Ende der Ming-Zeit. In: China heute XVII (1998), Nr. 5 (99), S.134–142.

44 Dieser Fall wird von Zhu Weizheng in seinem Buch „Coming out of the Middle Ages", Armonk 1990, S. 81–112, als ein herausragender Fall der Konfrontation der chinesischen mit der westlichen Kultur angesehen. Nach der Zugänglichkeit der Prozessakten ist dieses Verfahren erneut Gegenstand wissenschaftlicher Untersuchungen.

45 Siehe Iso Kern, Buddhistische Kritik am Christentum im China des 17. Jahrhunderts. Texte von Yu Shunxi (?–1621), Zhuhong (1535–1615), Yuanwu (1566–1642), Tongrong (1593–1679), Cingyuan (1611–1662), Zhixu (1599–1655). Bern-Frankfurt/Main 1992. Eine sehr ausführliche Besprechung hierzu findet sich in T'oung Pao 80 (1994), S. 400–420.

46 Siehe Douglas Lancashire, Peter Hu Kuo-chen, S.J., Matteo Ricco. The True Meaning of the Lord of Heaven (T'ien-chu Shih-chi). A Chinese-English Edition. Taipei 1985.

47 Siehe hierzu Iso Kern, op.cit., S. 204.

48 Siehe Timothy Brook, Praying for Power: Buddhism and the Formation of Gentry Society in Late-Ming China. Cambridge, Mass. 1993.

Verbreitung von astronomischen und mathematischen sowie medizinischen Kenntnissen, die im 16. und 17. Jahrhundert insbesondere durch die Jesuiten von Europa nach China gelangt waren.[49]

So wissen wir etwa von dem Kangxi-Herrscher (1662–1722), dass er ein nachhaltiges Interesse an der euklidischen Geometrie hatte und sich etwa im Jahr 1703 ausführlicher darüber unterrichten ließ.[50] Dieser Kaiser war es auch, der die jesuitischen Missionare zu seiner Unterrichtung einsetzte und deren Lehren zunächst ins Mandschurische und – jedenfalls in der Regel – dann erst ins Chinesische übersetzen ließ,[51] dann aber auch deren Zwistigkeiten untereinander zu unterbinden trachtete.[52] So publizierte er im Jahre 1702 einen Erlass, wonach alle Jesuiten sich wie eine Familie verhalten sollten, mit einem Oberhaupt und ohne die Unterscheidung von „wir und ihr". Freilich – und ganz ähnlich der kaiserlichen Politik gegenüber buddhistischen Mönchen in früheren Jahrhunderten – ging es dem Kaiser um Stabilisierung, wenn er etwa 1706 forderte, die Missionare sollten sich zu einem lebenslangen Verbleib in China verpflichten, was nichts anderes bedeutet als zu Untertanen zu werden. Das Institut der Exterritorialität gab es zu jener Zeit also noch nicht, auch wenn bereits zu Beginn des 5. Jahrhunderts der buddhistische Mönch Huiyuan einen entsprechenden Vorstoß unternommen hatte.[53] Der Konflikt Pekings mit Rom hat also eine lange Vorgeschichte!

Ein treffliches Beispiel für die Vermittlung des jesuitischen Europabildes in China ist das 1637 in chinesischer Sprache erschienene Werk des bereits erwähnten Paters Guilio Aleni, der sich zunächst (1613) in Peking und in Zhejiang aufhielt und dann, ab 1625, in Fujian wirkte, wo er auch 1649 starb. Dieses Werk mit dem Titel „Antworten auf Fragen über den

---

49 Zusammenfassend Jean Pierre Voiret, Die Jesuitenmission in China und ihre Rolle in der Vermittlung von europäischer Wissenschaft nach China, oder Kalender, Astronomie, Wissenstransfer: Die Haupt-Nebentätigkeit der Jesuiten in China, 17.–18. Jh.. In: Ferrum – Nachrichten aus der Eisenbibliothek, Stiftung Georg Fischer AG, Nr. 70, Mai 1998, S. 22–27.

50 Siehe Peter M. Engelfriet, Euclid in China. Leiden 1998, S. 432.

51 Siehe Engelfriet, op.cit., S. 436.

52 Siehe Engelfriet, op.cit., S. 439.

53 Siehe Erik Zürcher, The Buddhist Conquest of China. Leiden 1959; Helwig Schmidt-Glintzer: Das Hung Ming-chi und die Aufnahme des Buddhismus in China. Wiesbaden 1976.

Westen" (*Xifang dawen*), das in mehreren Ausgaben überliefert ist,[54] schildert nicht nur Europa, sondern geht auch auf die chinesischen Verhältnisse ein, denen ein hohes Maß an Respekt gezollt wird.

Totale Verwestlichung und der Himmel als Leerstelle

Trotz dieser frühen Begegnungen sah sich China dann aber erst im 19. Jahrhundert vom Westen wirklich herausgefordert. Wegen seiner Größe, der politischen Uneinigkeit und weil es bedrängt wurde von allen Seiten war China für längere Zeit zurückgefallen. Während Japan den Tenno-Kult wiederbelebte und ein gesteigertes Nationalgefühl mit Unfreiheit nach innen und imperialem Terror nach außen verband, schwankten insbesondere Chinas Eliten zwischen Selbstaufgabe und Opiumsucht, einer Haltung, der selbst der Architekt der Roten Armee Zhu De (1886–1976) in frühen Jahren erlag. Zwar suchten manche in Tradition und religiöser Erfahrung nach neuer Sinnstiftung, wie etwa Lu Xun (1881–1936), der Vater der modernen Literatur Chinas, doch tendierten die meisten zur Aufgabe des Alten und plädierten für eine vollständige Erneuerung. Man wollte die Schrift aufgeben – und selbst noch in den 80er Jahren des 20. Jahrhunderts glaubten manche, das Chinesische einschließlich der Schrift würde die digitale Revolution nicht überleben – und das Fax-Gerät mit seiner Fähigkeit der Bild- und Zeichenübertragung sei nur eine Brückentechnologie hin zu einer globalen Alphabetisierung. Die weitere Entwicklung hat uns eines besseren belehrt – und Schriftzeichen und Computer haben sich aufs beste aufeinander eingelassen und bilden eine eigene Welt. Der Satz von Shmuel Eisenstadt (1923–2010) von den „multiple modernities" bewahrheitet sich hier aufs Neue.

So pragmatisch diese und andere Lösungen auch scheinen mögen, die Sinnkrise ist geblieben, weil mit der Revolution die traditionellen Begründungsstrukturen in Frage gestellt wurden. Die Figur des Himmelssohns und der Anspruch auf Geltung für die Ordnung der Welt waren zerbrochen. So war es nur folgerichtig, dass der Künstler Xu Bing (Jahrgang 1955) im Oktober 1988 in der China Art Gallery in Peking

---

54 Bibliographische Hinweise finden sich bei John L. Mish, Creating an Image of Europe for China: Aleni's *Hsi-fang ta-wen*, in: Monumenta Serica 23 (1964), S. 1–87.

öffentlich sein „Buch vom Himmel" vorlegte, in dem Tausende von Schriftzeichen bei näherem Hinsehen alle keine Schriftzeichen mehr waren, sondern nur noch die Anmutung davon. Es war ein Kulturschock, eine Dekonstruktion.[55] – Wenn dann im Sommer 2008 Xu Bing eine Lifestyle-Zeitschrift mit dem Cover-Titel aufmacht: „Der Himmel beschützt China", während im Inneren lauter Briefumschläge mit Bildern von durch das Erdbeben in Sichuan verwüsteten Orte zu finden sind, vor allem von Eltern, die den Verlust ihres einzigen Kindes beklagen, dann wird diese Parole „Der Himmel beschützt China" zur einzigen Ironie, zur Provokation![56]

Lange Zeit hatte es unter den Akademikern eine Auseinandersetzung darüber gegeben, ob China nun eine „totale Verwestlichung" erfahren müsse, oder ob es sich nicht doch nur bestimmter Techniken des Westens bedienen solle (*yong*), im Kern (*ti*) aber doch chinesisch und damit es selbst bleiben müsse. Dieser innerchinesische Diskurs, der zugleich ein Diskurs darüber ist, was das Chinesische überhaupt sei, hält bis heute an und soll hier nicht ausgebreitet werden; aber wichtig ist der Hinweis, dass es eine traditional orientierte, eine konservative Strömung gibt, die schon allein deswegen wichtig bleibt, weil sie sich auf eine reichhaltige und überaus faszinierende künstlerisch-literarische und politisch-philosophische Überlieferung beziehen kann. Der Stolz auf diesen geistigen Reichtum und die Schätze Chinas wird eher zu- als abnehmen, und dann werden manche in Europa vielleicht bedauern, sich nicht früher auf diese Welt eingelassen zu haben.

---

55 Siehe Howard Y. F.- Choy, Playing with a Language of Six Thousand Years: Xu Bing's *A Book from the Sky*. in: minima sinica 1/2010, S. 60–78.
56 Siehe die Abbildungen in Helwig Schmidt-Glintzer, Wohlstand, Glück und langes Leben. Chinas Götter und die Ordnung im Reich der Mitte. Frankfurt/Main 2009, S. 389 und 391.

III Horizonte der Moderne und die Tradition der unvollständigen Legitimität

Zwischen Nation und Föderation: Dem Westen folgen?

Chinas Erneuerungen in der Vergangenheit waren stets Ausdruck sozialer und wirtschaftlicher Veränderungen und territorialer Neuaufteilung des Reichsgebietes und der Verwaltungsgrenzen – oder waren doch davon begleitet. Es ist davon auszugehen, dass diese Veränderungsdynamik weiterhin wirksam ist. Auch wenn neue Kommunikations- und Verkehrsmittel ein rascheres Durcheilen des Riesenreiches ermöglichen – es gibt keine Klammer für das Land, kein Gottesgnadentum, keine Kirche, nicht einmal einen über den Bericht von Kulturheroen im „Buch der Wandlungen" hinausgehenden Gründungsmythos. Aber es gibt die an die chinesische Schrift gebundene Verwaltungs- und Normierungstradition, die Erfahrungen mit Regierungen, die ein gutes Leben der größten Zahl der Einwohner Chinas verfolgen, und die plausible Ansicht, dass die Reichseinigung Frieden und Sicherheit nach innen und nach außen gewährleistet und dass dies auch für die Zukunft gelte.

In der gegenwärtigen Phase der Umorientierung gibt es jedoch eine Vielzahl von Verunsicherungen. Genannt sei hier nur eine in weiten Kreisen der Bevölkerung verankerte Han-chauvinistische Bewegung, welche sich im Internet gegen die Politik des Multikulturalismus der Kommunistischen Partei Chinas stellt.[1] Als am 5. Oktober 2008 der renommierte Historiker Yan Chongnian in einer Buchhandlung in Wuxi ein Buch über Kaiser Kangxi aus dem Haus der Mandschu signierte, jenen vielleicht brillantesten und kultiviertesten Herrscher überhaupt, wurde er plötzlich angegriffen und verprügelt mit den Worten „Hanjian, hanjian" („Han-Verräter, Han-Verräter"). Der Täter wurde mit 15 Tagen Arrest und 1000 RMB bestraft! – eine lächerlich geringfügige Strafe, die sich nur dadurch erklärt, dass die Autoritäten in China Angst vor der Volksseele haben. Es wäre eine eigene Geschichte, die Wurzeln dieses Han-Ethnizismus aus der Transformation Chinas zum Nationalstaat zu erläutern. Festzuhalten aber ist, dass das Konstrukt der Han-Ethnizität auch eine Folge der europäischen politischen Kultur ist, nach deren Muster China zu neuer Stärke geführt werden sollte.

Wer angesichts der in solchen Vorfällen erkennbaren Instabilität zum gegenwärtigen Zeitpunkt der Einführung eines Mehrparteiensystems das Wort redet, könnte sich bald mit einem China im Tumult konfrontiert sehen. Dass Chinas Regierung, in der ja mehrere Fraktionen zusammen wirken und in deren im Jahr 2012 erneut zu bildende Führungsspitze nicht nur Reformer, sondern auch Hardliner drängen, aus solcher Sorge heraus ein anderes als das von Liu Xiaobo vorgeschlagene Konzept der Verfassungsentwicklung in China im Auge hat, wird man ihr daher nicht vorwerfen können.

Damit kommt eine weitere Sphäre ins Spiel, die der lebensweltlichen Bedingungen in China und der Bedürfnisse nach einer Weltbildkonstruktion im Zeichen der Moderne. Denn natürlich will China, wollen Chinas Intellektuelle und Politiker seit über hundert Jahren dem Westen folgen, und sie debattieren seither die unterschiedlichsten Wege. Es ist eine Debatte, die auch innerhalb der Kommunistischen Partei stattfindet und in der Öffentlichkeit und den Medien ausgetragen wird. Dabei gibt es eine Vielzahl von Diskursen und Subtexten, die sich aber alle auf die zentrale Frage zuspitzen lassen, die wir in einem späteren Kapitel wieder aufgreifen: wie soll eine Verfassung Chinas aussehen?

---

1 Jamis Leibold, More Than a Category: Han Supremacism on the Chinese Internet, in: The China Quarterly Nr. 203 (2010), S. 539–559.

Seit dem Ende des Kaiserreichs 1911 sucht China sich als Nation zu bilden. Damit wurde ein im wesentlich von außen angestoßener Prozess eingeleitet, der vergleichbar wäre mit der Umformung Europas in *eine* Nation. An der Hauptstadtfrage lässt sich das festmachen. Lange standen mehrere Städte zur Wahl, etwa Nanjing, aber auch Beijing. Historisch gab es viele Hauptstädte, und die längste Zeit seiner Geschichte war China kein Einheitsreich, sondern geteilt und hatte mehrere Hauptstädte nebeneinander.[2] Das hatte man lange in den Hintergrund gedrängt, und doch trat es immer wieder zutage. Heute werden archäologische Funde zu einer neuen regionalistischen Herausforderung. Und neuere Studien zu der lange als vorbildlich gesehenen Zhou-Zeit zeigen, dass es nicht nur die Westliche und die Östliche Hauptstadt gab, Chang'an, das heutige Xi'an, und Luoyang, sondern eine dritte Stadt und gar mehrere Städte als kulturelle Zentren.[3] Daher wird in China selbst in den letzten zehn Jahren zunehmend die Vorstellung von mehreren Zentren der Zhou-Zeit diskutiert. Mit diesem Diskurs hängt auch das Staats- oder Reichskonzept zusammen und die Rede vom „Tianxia", vom „Reich" oder wörtlich: „alles-unter-dem-Himmel". Dieses Konzept ist inzwischen nicht mehr zu trennen von der Einbettung Chinas in die internationalen Sinn- und Handlungsstrukturen einschließlich der Finanzmärkte.

Euro, Dollar, Renminbi: China mit eigenem Weltmodell

Denn China ist inzwischen Teil des internationalen Finanzsystems geworden, und es stellt sich auch aus diesem Grunde die Frage, wie sich allgemein die internationale Ordnung neu konstituiert. Dabei muss daran erinnert werden, dass China sich immer schon gegen einen Machtdualismus gewandt hat und für eine polyzentrale Weltordnung votierte. Nach dem Zusammenbruch der Sowjetunion und dem Ende des Ost-West-Konflikts gab es zunächst – und das ist im Grunde immer noch

---

2 Siehe auch Helwig Schmidt-Glintzer, China. Vielvölkerreich und Einheitsstaat. München 1997. Ferner die Bemerkungen in der neuen Einleitung zur italienischen Ausgabe: Storia della Cina. Dall'impero celeste al boom economico. Milano 2005.

3 Maria Khayutina, Royal Hospitality and Geopolitical Constitution of the Western Zhou Polity, in: T'oung Pao 96 (2010), S. 1–73, bes. S. 69.

so – nur noch eine dominante Weltmacht, nämlich die USA. Inzwischen aber spekulieren viele darüber, ob sich nicht China als weitere Weltmacht etabliere. Welche Rolle dabei Europa spielen kann, ist ebenso ungewiss wie die Frage, ob Europa überhaupt weiter existiert. Denn es müsste als Idee und als Konzept weiter existieren. Indes fehlen dafür, dass nämlich die europäischen Parteien um entsprechende Konzepte rängen, alle Anzeichen. Die Erfahrungen mit der Ost-West-Konfrontation, die ja insgesamt wenig segensreich für den Rest der Welt war, lassen es aber nun alles andere als wünschenswert erscheinen, dass eine neue Zwei-Supermächte-Konstellation entsteht. Vielmehr muss man nicht nur im Interesse Europas, sondern im Blick auf den Wohlstand der Weltbevölkerung insgesamt an einer multipolaren Weltordnung interessiert sein. Hier liegt vielleicht die größte Herausforderung für Europa und eine europäische Außenpolitik.

In China setzt man sich indessen verständlicherweise nicht nur mit den westlichen Theorien internationaler Politik auseinander, sondern bezieht auch traditionelle chinesische Konzepte ein. Dabei ist es – wie bereits seit dem Beginn der intensiveren Auseinandersetzungen mit westlichen Theorien im späten 19. Jahrhundert – das *tianxia*-Modell, welches wieder zur Debatte steht. In dem „Standardreferenzwerk" Zhao Tingyangs zum *tianxia*-Konzept heißt es: „... die heutige Welt braucht möglicherweise keine Imperien mehr; vor allem braucht sie kein gefährliches Imperium wie die USA, und vielleicht braucht sie auch kein friedliches Imperium wie das klassische chinesische *tianxia*-Imperium. Doch könnte das *tianxia*-Modell unter Umständen durch gewisse Umänderungen zu einem Weltsystem werden, das (den Anforderungen) der Zukunft entspricht ...".[4] Es wäre dies ein Weltordnungs-Konzept, welches viele der traditionellen Vorzüge des chinesischen Ökumene-Gedankens aufgreifen könnte.

Nele Noesselt stellt diese innerchinesische Diskussion in den Zusammenhang der auch in China nicht unbekannten Staatsverfassungsentwicklungen in Europa seit dem Ende des Dreißigjährigen Krieges, als man in Europa zeitweise nach China blickte und dort eine bessere Verfassung als im Westen zu erblicken glaubte. Diese nach der Bildung

---

4 Nele Noesselt, Alternative Weltordnungsmodelle? IB-Diskurse in China. Wiesbaden 2010, S.173.

europäischer Staaten mit Vertragsbeziehungen bezeichnete „postwestfälische Zeit" ist nach Ansicht von Nele Noesselt nunmehr seit 1989/1991 endgültig Vergangenheit. Dennoch wirken die Struktur bildenden Elemente fort, die Ideen der Amerikanischen Unabhängigkeitserklärung (1776) und der Französischen Revolution (1789). Dabei hätte man in Europa spätestens um 1900 erkennen können, dass ein Paradigmenwechsel unabweisbar ist, nachdem die Vereinigten Staaten ihrerseits ein neues Modell erfolgreich ins Werk gesetzt hatten. In Europa aber hielt man sich weiter an die westfälische Ordnung, führte Kriege und wurde sogar gelegentlich dafür bewundert oder wenigstens doch gefürchtet. Europa und seine Nationalstaaten blieben dennoch lange das Vorbild für die Welt, für das Japan der Meiji-Reform ebenso wie für China, das sich am Ende des 19. Jahrhunderts erstmals als „Nation" zu denken begann und das heute erkennen muss, dass sich diese „Nationsvorstellung" vielleicht niemals verwirklichen lassen dürfte. Es geht also um die Überwindung des „Entweder-Oder" zwischen „Nation" und „Imperium" einerseits und um die Verhinderung einer neuen imperialen Komplizenschaft in Gestalt einer neuen G-2–Welt andererseits. Heute noch ist es dem Außenpolitiker Henry Kissinger ein Anliegen, für eine kooperative Partnerschaft zwischen China und den USA zu werben und offensiv gegen Bedrohungsängste vorzugehen.[5] Während Kissinger Europa dabei mit keinem Wort erwähnt, betont John Kornblum, dass bei diesem Prozess „Europa, aber auch Brasilien und Indien … eine wichtige Rolle spielen" werden.[6] Die Frage bleibt aber offen, ob Europa es versteht, aus dieser neuen Konstellation Vorteile zu ziehen.

Sinnkrise des Westens?

Statt die Probleme Chinas isoliert zu betrachten, ist es deswegen sinnvoll, zugleich die Sinnkrise des Westens anzusprechen! Europa hat die Welt in Bewegung gebracht, und nun erwartet der Westen Werte zu respektieren, die er selbst bisher nie, allenfalls in den jeweils eigenen natio-

---

5 Henry Kissinger, On China. New York 2011; deutsch: China. Zwischen Tradition und Herausforderungen. München 2011.

6 John Kornblum, Zur Partnerschaft verdammt, in: Die Welt vom 11.06.2011 (Online-Ausgabe).

nalen Grenzen, zur Maxime seines Handelns in der Welt gemacht hat – und er praktiziert weiterhin einen Lebensstil, von dem er nicht wollen kann, dass ihn der „Rest" der Menschheit übernimmt. Im Gegenteil, die westlichen Regierungen haben über Jahrhunderte Menschenleben bei anderen Völkern und in anderen Teilen der Welt gering geachtet. Gestützt durch eine als Dominotheorie bekannte Schimäre vernichtete man noch vor wenigen Jahrzehnten Abertausende von Menschen und ihre Lebensgrundlagen durch Napalm. Auch darin gründet der Umstand, dass die Sinnkrise in China zu einem Großteil eine Folge der Ambivalenz gegenüber den Verheißungen und den Bedrohungen des Westens ist, dessen Konzerne sich bis heute oft nicht scheuen, die in ihren Heimatländern geltenden Umweltstandards aus Profitinteresse in schwächeren Ländern zu missachten. Dabei ist eine Neuvermessung der internationalen Beziehungen und auch der moralischen Standards überfällig – und sie zeichnet sich glücklicherweise in Projekten wie der Corporate-Social-Responsibility-Bewegung ab.

Dass der Westen Jahrzehnte eine verfehlte Afrikapolitik betrieben hat, ist längst kein Geheimnis und soll hier nur am Rande erwähnt werden. Umso grotesker muss es der Jugend der Welt erscheinen, wenn dann heute in Europa beklagt wird, dass China dort das tut, was Europäer lange versäumt haben mit Argumenten, die sie für sich selbst nie in Erwägung gezogen haben. Eine Rohstoffsicherungspolitik glaubte sich Europa ersparen zu können, in der Meinung, dass es auch in Zukunft immer die Erste wäre, die ein Anrecht auf Ausbeutung hätte. Als ein Bundespräsident dies im Mai 2010 ansprach, wurde er so angefeindet, dass er sein Amt zur Verfügung stellte. Europa glaubte, es schaffe dauerhaft die Blaupausen, nach denen die Welt sich entwickelt, und es merkt mittlerweile, dass sich Ingenieure auch in anderen Ländern und Kulturen finden und nicht mehr nur im Westen. Bisher hatte man auf die seit der Zeit um 1900 bestehende amerikanische Dominanz im Weltfinanz- und Handelssystem gesetzt – man lese die Biographie von J.P. Morgan (1837–1913)[7] – und wollte nicht wahrhaben, dass Europa von einer falschen Zukunftserwartung ausgeht – oder doch in jedem Falle die Horizonte neu zu bestimmen sind. Dabei gilt für den Nahen Osten

---

7   Jean Strouse, Morgan. American Financier. New York 1999.

das gleiche wie für Afrika, wo der Westen durch willkürliche Grenzen unterschiedlichste Völker zusammen gezwungen und einen allgemeinen Menschheitsbegriff propagiert hat und sich nun fortgesetzt über misslingende Staatsbildungsprozesse erstaunt zeigt. Selbst haben die Länder Europas Millionen Gastarbeiter für sich arbeiten lassen und wundern sich nun über Integrationsdefizite. So muss man sich in der Tat Sorgen machen – und manchmal könnte es einem scheinen, als träfe der Vorwurf des AQ-Ismus, den Lu Xun vor hundert Jahren seinen chinesischen Landsleuten gemacht hat, auch auf Europa zu: Dass es sich nämlich immerfort als Sieger sehen wollte, und dass es auch noch die größte Niederlage als Bestätigung seiner Überlegenheit interpretiert.

Den Weg, den der Westen gehen sollte, gehen manche Unternehmen bereits voran, wie etwa Airbus, das nicht nur Flugzeuge an China liefert, sondern ein gemeinsames Montagewerk in Tianjin betreibt mit seit 2010 zunächst zwei Flugzeugen pro Monat. Dabei ist Airbus klar, dass bis 2020 China eine eigene Flugzeugindustrie besitzen wird. Dann wird eine oder werden mehrere chinesische Luftfahrtkonzerne mit Boeing und Airbus konkurrieren. Das Wachstum des Luftverkehrs freilich ist so stark, dass Platz für drei ist. Mit in absehbarer Zeit 220 Millionenstädten und mit gegenüber heute 160 bald 220 Flughäfen in China ist dort ebenso wie in Indien eine dynamische Entwicklung vorgezeichnet.[8] Gerade deswegen stellt sich dringlicher denn je die Frage, wo wird in zehn Jahren Europa stehen – mit geschrumpfter und überalterter Bevölkerung?

Statt dass sich Europa auf diese Entwicklung einstellt, hält es sich mit Fragen danach auf, was werde, wenn China dem Westen ähnlicher wird, und ob Chinas Tradition und die Moderne kompatibel seien, so als hätte der Westen nicht selbst eigene Erfahrungen damit, wie so etwas geht. Nur fehlt Europa die Erfahrung damit, wie so etwas in beschleunigter Weise und ohne Weltkriege geht! Daher ist die Annahme eher beruhigend, dass China ebenso wenig ein zweites Europa wird wie ein zweites Amerika oder ein zweites Russland. China bleibt China, aber was heißt das? Man wird zu Recht von den Sinologen einige Überlegungen dazu erwarten können, was möglicherweise das Besondere an China bleiben

---

8   Siehe den Beitrag: Airbus setzt auf China. 100 Flugzeuge werden an chinesische
    Airlines ausgeliefert, in: Neue Zürcher Zeitung Nr. 217 (18. September 2010), S. 12.

wird und mit welchen Perspektiven zu rechnen ist. In den Augen Chinas sind bisher schon Deutschland und Europa weniger als Anhängsel der USA gesehen worden, auch wenn für uns Europäer selbstverständlich weiterhin gilt, dass alles getan werden muss, die traditionelle Beziehung zu den USA zu pflegen. Dies muss bei aller Flexibilität der Grundsatz deutscher und europäischer Außenpolitik bleiben, und zwar aus vielerlei und weithin bekannten Gründen. Denn nur aus einer gut geregelten transatlantischen Beziehung heraus können Deutschland und Europa eigene Akzente in den Beziehungen zur neuen Großmacht in Ostasien setzen, wo neben China die USA weiterhin unbestritten und auch auf absehbare Zeit die andere bestimmende Macht bleiben werden. Deswegen ist es eine Fehlorientierung, wenn Europa keine Stimme findet und am Ende sich Amerika und China direkt und ohne Europa über den Pazifik hinweg verständigen.

Nun ist das Versäumnis, eine zukunftsgerichtete Außenpolitik zu formulieren und zu vertreten, der deutschen Bundesregierung schon seit einiger Zeit attestiert worden. Dieses Ungenügen zeigt sich auch in der Debatte der Jahre 2010 und 2011 zu Bundeswehreinsätzen zum Zwecke der Sicherung von Handelsinteressen. Handelswege notfalls auch mit militärischen Mitteln zu schützen, ist spätestens seit dem 17. Jahrhundert rechtens und guter Brauch, und insofern ist daran auch nichts grundsätzlich Verwerfliches zu finden. Doch darf sich nicht wiederholen, dass auf Unwahrheiten gestützte Behauptungen zu militärischen Einsätzen führen, wie dies noch Guido Westerwelle zur Rechtfertigung eines Einmarschs in den Irak tat, als er zur Aufpeitschung der Bevölkerung öffentlich darüber spekulierte „in wie vielen Stunden Saddam Husseins Massenvernichtungswaffen München erreichen können".[9] Für eine Rohstoffsicherungsstrategie und friedliche und ungefährdete Handelsbeziehungen ist zudem vor allem eine konstruktive Außen- und Wirtschaftsaußenpolitik zu betreiben, insbesondere bevor man über die Möglichkeit des Waffengangs spekuliert. Doch eine solche Außenpolitik lässt die deutsche Bundesregierung vermissen. Die offenkundige Schieflage in der Arbeitsteilung im Kabinett der Bundesregierung 2009/2013 ist der Skandal, und dies begründet und rechtfertigt in einer Demokratie dann doch

9   Roger Willemsen in: Süddeutsche Zeitung Nr. 261 vom 11. November 2010, S.9.

öffentliche Debatten. Es gilt, eine Politik für Europa zu konzipieren und diese in eine weitsichtige, die transatlantischen Bündnisinteressen ebenso wie unsere nationalen wie die europäischen Interessen in Ostasien berücksichtigende Strategie einzubauen. Andernfalls wird kein Terrain gewonnen zu einem neuen Ausgleich der internationalen Außenhandelsdisparitäten.

Bildungstraditionen und die Vielfalt der Lebenswelten

China wie Ostasien wird oft Geschmeidigkeit nachgesagt, eine weiche, sanfte geschmeidige Methode (*roú shù*), wie sie ähnlich in dem unter dem Begriff „Judo" (*roú dào*) bekannten Sport praktiziert wird. *Roù qíng* meint sogar so etwas wie sanfte Gefühle oder Zärtlichkeit. Doch sollte man sich über den angeblichen konfuzianischen Charakter der Länder Ostasiens nicht täuschen. Auch wenn alle diese Länder und ihre Kulturen eine starke konfuzianische Phase gehabt haben – wie übrigens auch Japan – , so sind sie doch sehr verschieden. Andererseits sahen sich alle diese Länder vom Westen herausgefordert, und Angehörige der Eliten, insbesondere Studenten, suchten und suchen weiterhin sogar eine gemeinsame asiatische Antwort auf die Herausforderung durch den Westen. Dabei waren, wie angedeutet, alle – auf je unterschiedliche Weise – eingebunden in einen vom Westen angestoßenen Nationsbildungsprozess. Während Vietnam bereits am Ende des 19. Jahrhunderts von der Kolonialmacht Frankreich seiner Erinnerungen beraubt wurde und dort nur noch die Chinesen eine kulturelle Identität bewahrten und einen Mittelstand bildeten. Diese Chinesen bildeten übrigens den überwiegenden Teil der etwa 1,5 Millionen „Boat People", die dann am Ende des Vietnam-Krieges in fernen Ländern ihr Heil suchten. Korea hat nach langem Leiden unter japanischer Besatzung und als Arbeitskräftereservoir nach dem Zweiten Weltkrieg unter starkem westlichem Einfluss mit seinem südlichen Teil als einer der sogenannten Tiger-Staaten den Sprung in die Weltmärkte geschafft, ähnlich wie das kleinere Taiwan. Die Emotionen aber und die Mentalitäten sind in diesen Ländern doch sehr verschieden. Wer aus einer Unterwürfigkeits- und Strenge-Kultur Japans nach Korea kommt, kann auch heute noch von der dortigen Direktheit und Offenheit geradezu erschreckt werden und wird sich dann wieder umstellen müssen, wenn er in das südliche Taiwan kommt, wo ein leichterer Ton herrscht. Aber Sanftheit? An den Tokyoter Bahnhöfen müssen die Menschen geleitet und in die Eingänge gedrückt werden, und eine Traube Chinesen kann sich mit Heftigkeit sehr lange an einer Bustür selbst blockieren, bis dann erst nach und nach und sehr ungeordnet sich der Bus füllt. – Und so verschieden wie die genannten Länder ist auch China in sich, das verglichen mit Europa von Skandinavien bis Sizilien reicht bzw. von der Bretagne bis nach Polen und Lettland.

Erziehung und Bildung waren in China und dann auch in Japan und Korea seit der Zeit der Streitenden Reiche, also seit über zweitausend Jahren, von höchster Wichtigkeit, haben aber die innere Diversität nur zum Teil eingeebnet. Immerhin bezog sich der Gedanke des Lernens auf alle Menschen, war also im Prinzip nicht auf die Elite beschränkt. Konfuzius, der „größte Lehrer Chinas", formulierte: „Wenn ich mit drei Menschen unterwegs bin, wird einer davon mein Lehrer sein. Ich suche sein Gutes heraus und folge ihm darin, ich suche sein Nichtgutes heraus und versuche, es selbst besser zu machen." (Lunyu 7:21) Es war eine Haltung, die das Tradierte ernst nahm und doch offen war für das Neue. Dabei wurde der Satz des Konfuzius „Überliefern, nicht selbst machen" (*shu er buzuo*, Lunyu 7:1) häufig missverstanden. In diesem Missverständnis liegt ein Problem der traditionellen Bildungskultur und zugleich ein großer Reichtum, der sich in der Nachahmungskultur etwa der Schreibkunst manifestiert. Denn mit dem Namen Konfuzius wird nicht nur das Thema Autorität und Macht angesprochen und Legitimität begründet, sondern auch die Kritik an bestehenden Verhältnissen bzw. Missständen aufgerufen. Dabei gibt es zweierlei zu bedenken: dass *erstens* in dem Konfuzianismusbegriff die geistigen Auseinandersetzungen zwischen China und dem Westen seit dem 16. Jh. bereits eingeschrieben sind, und dass sich *zweitens* bei uns zwei Chinabilder überlappen, das China als Vorbild der Aufklärung und das China, in dem die Autonomie des Individuums fehlt, während wir in Europa seit der Spätaufklärung, seit Immanuel Kant, diesen Gegensatz von Autonomie und Heteronomie stark machen.

Inzwischen sind die Welten des Wissens vernetzt und aufeinander bezogen. Es gibt Hürden und Abgrenzungen, gelegentlich auch *Firewalls* und gesperrte Websites, aber der Fluss der Informationen ist unaufhaltsam und hat nun seinerseits neue Fragen aufgeworfen. Um mit diesen umzugehen, wird die Vernetzung immer wieder neu gestaltet. Gerade wegen der Innovativität von Forschung ist eine akademische Vernetzung auf allen Gebieten und zwischen allen Beteiligten das Gebot nicht nur der Stunde, sondern der Zukunft überhaupt. Dabei entstehen neue Foren der Konkurrenz, neue Chancen und neue Allianzen, bei denen der Westen trotz anfänglich günstiger Ausgangslage seine Vormachtstellung bald eingebüßt haben könnte, wenn Microsoft, Google und Facebook von Anbietern aus China überflügelt werden, dessen Internetpotential jetzt schon im Volumen eine Spitzenstellung einnimmt. Der durch die Digitalisierung erweiterte Zugriff auf eine enorm wachsende Menge an Informationen wird freilich erst in Verbindung mit adäquaten Fragestellungen zum Ausgangspunkt überlegener Qualität. Hierzu dient auch der Austausch mit Akteuren und Reflexionsforen jenseits der innerfachlichen Diskurse; dazu gehört vor allem die Einbindung des wissenschaftlichen Nachwuchses und die Kommunikation mit FachkollegInnen und Partnern aus anderen Ländern sowie der Austausch mit der interessierten Öffentlichkeit. Die daraus erwachsenden Fragestellungen werden die Forschungen der Zukunft bestimmen. Hier ist die Präsenz Europas auf vielen Gebieten bereits kaum mehr wahrnehmbar.

China hingegen erlebt einen fortgesetzten Anstieg der Studierendenzahlen: Im Jahre 2000 studierten 5,56 Mio. Studenten, im Jahre 2007 betrug die Zahl der Studierenden an Hochschulen, einschließlich der Postgraduates, mehr als 25 Mio. Daran wird deutlich, dass der Anteil der Studierenden pro Altersjahrgang sich den Standards westlicher Industrieländer angenähert hat und es Massenuniversitäten auch in China gibt. Dies erfordert einen neuen Umgang auch bei der internationalen akademischen Zusammenarbeit. Da Neuorientierungen im höheren Bildungswesen immer auch eine Bezugnahme auf die eigenen Traditionen gesucht haben, ist es sinnvoll, über die jeweiligen Traditionen zu sprechen. Dies gilt für China wie für Deutschland. Dabei hilft der Blick auf die Humboldtsche Reform bzw. auf das, was als solche deklariert wird, sowie auf die Universitätsreform des Cai Yuanpei, und zwar nicht, weil es schön ist zu wissen, dass gerade die klassische deutsche Universität des frühen 20. Jahrhunderts Nachahmungen in der ganzen Welt gefunden hat, sondern weil ohne diesen Blick zurück sichere Schritte in die Zukunft nicht gelingen werden. Es genügt daher nicht, wenn wir in Europa gern zur Kenntnis nehmen, dass es höhere Bildungsinstitutionen in China bereits seit über 2000 Jahren gibt, seit der Gründung einer *Taixue* im Jahre 124 v. Chr. Eine viel breiter gefächerte Rückbesinnung auf Bildungstraditionen und gerade auch der Blick auf das 19. und frühe 20. Jahrhundert sind notwendig, um die akademische Vernetzung im internationalen Rahmen voranzutreiben. Hinzu treten muss die Bemühung, gemeinsame Zukunftsperspektiven zu entwickeln. In den Technik- und Ingenieurwissenschaften und insbesondere in den Material- und Nanowissenschaften sind wir gerade erst am Anfang neuer Entwicklungen. Dies gilt generell für all das, was wir unter Lebenswissenschaften fassen – und hier kommt es darauf an, den Anschluss nicht zu verpassen!

Wirtschaftlicher Aufschwung und die Notwendigkeit neuer Horizonte

Wenn ich von Sinnkrise spreche, so bezieht sich dies nicht nur auf Europa, sondern auch auf China, wo ich auf jene Dissonanzen die Aufmerksamkeit richte, die von gesellschaftlichen Veränderungen begleitet werden. Um nur ein Beispiel aus der Welt der Wirtschaft zu nehmen: Zur Regulierung der Spannungen zwischen Arbeitern und Kapital will die Regierung die Unabhängigkeit der Gewerkschaften fördern, um so den Erwartungsdruck an die Kommunistische Partei und die von ihr kontrollierte Regierung abzubauen.[10] Im allgemeinsten Sinne geht es um die Wieder-Anerkennung von Autorität sowie um die Betonung gesellschaftlicher Differenzierung und Machtbalance. Dies wird umso dringlicher, als mit den Erfolgen auch neuer Regelungsbedarf entsteht. Denn nach der lang andauernden Erfolgsgeschichte Japans als der anderen Wirtschaftsmacht Ostasiens zeichnet sich inzwischen eine Erfolgsgeschichte Chinas ab. Die wirtschaftlichen Indikatoren sprechen für sich. – Dabei darf man aber dreierlei nicht vergessen: Nicht nur ist das BIP (Bruttoinlandsprodukt, d. i. Gesamtwert aller

10 Siehe Finn Mayer-Kuckuk, China will Gewerkschaften in die Freiheit entlassen, in: Handelsblatt (22.6.2010). Siehe auch meinen Beitrag „Arbeits- und Lebensbedingungen chinesischer Arbeiter und die Legitimität des kommunistischen Kapitalismus", in: Perspektiven des demokratischen Sozialismus. Zeitschrift für Gesellschaftsanalyse und Reformpolitik. 28. Jahrgang 2011, Heft 1, S. 116–137.

Güter, Waren und Dienstleistungen innerhalb einer Volkswirtschaft) pro Kopf der Bevölkerung heute in Japan noch mehr als zehn Mal höher als in China, sondern Japan ist auch von der Fläche und der Bevölkerungszahl nicht mit China zu vergleichen. Für China ist es zudem eine riesige Herausforderung, das Regierungshandeln so einzurichten, dass es in den verschiedenen Teilen des Reiches angemessen umgesetzt werden kann. Vor allem aber sind die Modernisierungswege Chinas und Japans verschieden;[11] inzwischen kooperieren beide Länder, konkurrieren aber auch, zum Teil auf den gleichen Gebieten und Märkten. China hat durch die engen informellen Verbindungen zu den sog. „Überseechinesischen" mit der Möglichkeit zu intensiver Netzwerkbildung einen Vorteil und nutzt diesen auch, insbesondere seit der zum 1. Januar 2010 in Kraft getretenen Assoziierung Chinas mit der ASEAN-Organisation zur Schaffung einer Freihandelszone.

Der Aufstieg Chinas steht für eine neue Wendung. So titelte die *Financial Times Deutschland* „Chinas Aufstieg besiegelt Japans Abstieg" (17. August 2010), begleitet von dem Kommentar „China dürfte Japans Wirtschaft in diesem Jahr auf Platz zwei in der Weltrangliste verweisen. Ein historischer Machtwechsel – der sich seit längerem abzeichnet." Japans Bruttoinlandsprodukt (BIP) hat im zweiten Quartal 2010 rund 1.280 Milliarden US-Dollar erreicht, Chinas BIP ist auf 1.330 Milliarden US-Dollar gestiegen. Zwar sind die Zahlen aufgrund von Berechnungsunterschieden nur schwer direkt zu vergleichen, doch der Trend ist eindeutig. Während Japan mit einer nun seit rund 30 Jahren währenden Stagnation kämpft, wächst die Volkswirtschaft Chinas in einer Größenordnung von jährlich fast 10 Prozent. Mit zweistelligen Wachstumsraten ist das Riesenreich längst zum globalen Wachstumsmotor avanciert. Doch zu Recht halten manche dagegen, wie Marcel Grzanna, dass China immer noch ein Entwicklungsland sei.[12] Tatsächlich leben in China noch 150 Mio. Menschen in absoluter Armut, d.h.

---

11 Siehe Helwig Schmidt-Glintzer, China und Japan – Zwei unterschiedliche Pfade der Modernisierung, in: Wolfgang J. Mommsen/Wolfgang Schwentker, Hg., Max Weber und das moderne Japan. Göttingen 1999, S.187–206.

12 Marcel Grzanna, Zwischen Kraft und Not. China ist ein Entwicklungsland. Aber es hat die Mittel, dies zu ändern, in: Süddeutsche Zeitung N. 189 (18. August 2010), S. 17.

sie müssen mit weniger als einem Dollar pro Tag auskommen. Das spiegelt sich in den Zahlen des IWF, wonach im Jahre 2009 das BIP pro Kopf bei 3.700 Dollar lag. In Japan lag es mehr als zehn Mal höher, in Deutschland bei 41.000 Dollar. In absoluten Zahlen lag das BIP Deutschlands international im Jahr 2010 auf Platz vier, pro Kopf der Bevölkerung gerechnet aber auf Platz 16 – hinter Frankreich und vor Japan! China dagegen lag auf Platz 99, hinter Jordanien und Albanien.

Die Veränderungspotentiale sind enorm, dazu gehören auch die Forderung nach höheren Löhnen und die zunehmende Freizügigkeit (Abschaffung des Hukou-Registrierungssystems) und andere Faktoren, von denen weiter unten noch die Rede sein soll. Geht es in diesem Tempo weiter, dürfte China spätestens im Jahr 2025 auf Platz eins vorrücken und damit auch den bisherigen Spitzenreiter, die USA, verdrängen. Ein Ziel, das China allein aufgrund seiner Einwohnerzahl durchaus erreichen könnte. In der Volksrepublik leben schließlich viermal mehr Einwohner als in den USA. Das heißt, pro Kopf muss das Riesenreich nur ein Viertel der US-amerikanischen Wirtschaftsleistung erbringen, um zum Sieger gekürt zu werden. Derzeit liegt die jährliche Wirtschaftsleistung je Einwohner in China bei etwa 3.300 US-Dollar, in den USA bei rund 46.000 US-Dollar. Man müsste also die Pro-Kopf-Wirtschaftsleistung in den kommenden Jahren um den Faktor 3,5 steigern, um die USA zu überholen. In Peking hält man dies für machbar.

Neue Selbstdeutungen – Teilhabe am globalen Weltbürgertum

Einstweilen aber finden wir alle Arten von Selbstdeutungen. Die Transformationsprozesse der Gegenwart haben viel mit Kultur und Milieus zu tun, auch mit einer MacDonaldisierung der Konsumwelt. Dazu gehört, dass Angestellte in Wal-Mart-Märkten davon überzeugt sein können, dass Sam Walton, der Wal-Mart-Gründer, fünf Jahre Mao-Zedong-Gedanken studiert habe, bevor er Wal-Mart eröffnete.[13] Solche Firmenkulturen haben ihre eigene Dynamik, und hieran erkennen wir, dass es nicht auf den Wahrheitsgehalt solcher Mitteilungen, sondern auf

13 David J. Davies, Wal-Mao: The Discipline of Corporate Culture and Studying Success at Wal-Mart China, in: The China Journal 58 (July 2007), S. 1–27, hier S. 2.

den Plausibilitätsgrad von Mythen im realen Leben ankommt. Dadurch werden Menschen geprägt und eingebunden. Der Erfolg bestätigt dies: Die Zahl von 43 Wal-Mart-Filialen im Jahre 2004 ist bis 2010 auf nahezu 200 Wal-Mart-Filialen mit etwa 50.000 Arbeitsplätzen gestiegen. Solche „Weiße-Kragen-Jobs" wie sie in China auch heißen (*bailing*), versprechen Wohlstand und Teilhabe am globalen Weltbürgertum. Und genau das ist es, was heute viele junge Menschen in China antreibt, was sie anstreben.

Jenseits von Unternehmenskulturen spielt der Kulturbegriff im Sinne eines zivilisatorischen Projekts eine große Rolle im Selbstverständnis der Menschen und in der Konzipierung von Massenerziehung in der Partei. Dabei geht es um die Harmonisierung des Materiellen und des Spirituellen; das war das Programm seit den 90er Jahren.[14] Im Mai 2002 führte Jiang Zemin dann den Begriff der „politischen Zivilisation" (*zhengzhi wenming*) ein.[15] Im Jahre 2004 trat der Begriff der „harmonischen Gesellschaft" (*hexie shehui*) hinzu. In der folgenden Debatte wurde der Vorschlag formuliert, auch von einer „ökologischen Zivilisation" (*shengtai wenming*) zu sprechen.[16] Man kann also hier durchaus von einer Entwicklung sprechen.

So sehr die Zentralregierung durch solche und andere Maßnahmen, nicht zuletzt durch Parteikanäle die Kontrolle nicht zu verlieren trachtet, ist das Geschehen doch immer regional bzw. lokal konstituiert. Sebastian Heilmann hat hierauf in besonderer Weise aufmerksam gemacht.[17] Er zeigt, dass die Struktur und Dynamik des politischen Systems Chinas noch sehr stark durch die revolutionäre Tradition geprägt sind. So wird es möglich, lokal oder regional zu handeln und erst danach aus den gewonnenen Erfahrungen eine Strategie für das gesamte System abzuleiten. Es ist ein experimentelles Verfahren. Mit diesem experimentellen Verfahren hängt zusammen, dass es, in den Worten von Iwo Amelung,

---

14 Siehe Nicholas Dynon, „Four Civilizations" and the Evolution of Post-Mao Chinese Ideology, in: The China Journal 60 (July 2008), S. 83–109.

15 Ebd. S. 100.

16 Ebd. S. 106.

17 Sebastian Heilmann, From Local Experiments to National Policy: The Origins of China's Distinctive Policy Process, in: The China Journal 59 (January 2008), S. 1–30.

der sich auf Perry Link bezieht, bis heute eine „Vagheit bei der Definition von Fehlverhalten" gibt. Die meisten Chinesen „kennen die Grenze zwischen Sicherheit und Bestrafung nicht. Sie wissen aber doch zumindest, dass es sicherer ist, sich möglichst weit von ihr entfernt zu halten."[18]

Auf der Ebene der Praxis finden wir weiterhin spezifisch chinesische Traditionen wie beim Handwerk des Töpferns, wo die rohen Formen noch einmal nachgedreht werden, in einer Tradition, die vor dem Hintergrund europäischer Massenproduktion bedroht zu sein scheint.[19] Hier sind noch Arbeitstechniken zu finden, die bald der Vergangenheit angehören dürften.[20] Solche traditionelle Arbeitstechniken ebenso wie damit verbundene Vorstellungen von Feinheit und Maßstäblichkeit[21] weichen mehr und mehr internationalen Standards, doch ist davon auszugehen, dass sie einerseits lange in Erinnerung bleiben und – vor allem – aus solchen Traditionen Anstöße zu Innovationen kommen können.

Ambivalenz und Toleranz – Die Implementierung des Rechten

In China wurde – und vielleicht ist dies einer der gravierenden Gegensätze zu Europa – sehr früh die Wahrheit in der weltlichen Ordnung gesucht. Sie konnte durcheinander geraten, aber sie tendierte aus sich heraus immer wieder zu einer neuen Stabilität. Keine Kraft von außen, keine überweltliche Gottheit musste sich bemühen. Nur das *do-ut-des* zwischen Ahnen und Nachkommen spielte eine Rolle. Aus der Summe der Erfahrungen entstanden so Komplexität und Ambivalenz, weil bei Kon-

18 Perry Link, Evening Chats in Beijing. New York: Norton 1992, S. 178 f.; vgl. Iwo Amelung, Einleitung, in: Iwo Amelun g, Anett Dippner, Hg., Kritische Verhältnisse. Die Rezeption der Frankfurter Schule in China. Frankfurt/Main 2009, S. 15–24, hier S. 19.

19 Peter A. Fischer, Chinas Geburtsstätte des Porzellans ringt um ihre Zukunft. Jingdezhens Handwerk hat den Fortschritt verpasst, bleibt aber einmalig, in: Neue Zürcher Zeitung Nr. 205 (4. September 2010), S. 13.

20 Siehe die Ausstellung „Abgedreht! China töpfert bodennah" 2010 im Völkerkundemuseum der Universität Zürich und dort gezeigte Dokumentationsfilme.

21 Zur Metrologie siehe Konrad Herrmann, A Comparison of the Development of Metrology in China and the West. Braunschweig: Physikalisch-Technische Bundesanstalt [2009].

flikten keine Seite Recht hatte; es gab keine Wahrheit im Sinne einer *aletheia*, einer Entbergung. Wegen der Ambivalenz einerseits aber und des Ordnungsstrebens andererseits wurden gelegentlich Kräfte als störend identifiziert. Eine Instanz zu deren Aburteilung aber stand nicht zur Verfügung. Wie wenig griffig das falsche Handeln war – ganz gleich, ob es falsches Handeln oder das Handeln mit Falschem war – , zeigt der Satz des Konfuzius: *gōng hu yì dūan sī hài ye yi – (Lunyu II.16)*. Klassisch ist die Deutungsspreizung bei der Übersetzung dieses Konfuzius-Satzes zwischen „Irrlehren anzugreifen, das schadet nur" (Wilhelm), über „Sich mit Irrlehren zu beschäftigen schadet nur" (Moritz), „Greife die Irrlehren an – sie schaden nur" bis hin zu „to attack a question from a wrong end – this is harmful indeed" (Simon Leys) und „Wer am falschen Gewebeteil zu arbeiten beginnt, zerstört die ganze Struktur (das ganze Tuch)" (Arthur Waley). Unter Bezug auf die erste Übersetzungsvariante gilt China übrigens seit jeher als tolerantes Land und zugleich wird ihm extreme Intoleranz nachgesagt. Johann Jakob Maria de Groot (1854–1921) beispielsweise hat nacheinander beide Meinungen vertreten.

China kennt also nicht den Kampf mit den Göttern, auch nicht den zwischen Göttern und Giganten. Bei der Abwehr von Fremdem gab es immer eine Ambivalenz. So hatten einerseits buddhistische und daoistische Lehren im Mittelalter große Freiräume, doch versuchten zugleich insbesondere die Daoisten sich gegen „unsaubere" (*yin*) Kulte zu behaupten. Versuche, sich mit diesen Fragen theoretisch zu beschäftigen, sind von vielen Seiten unternommen worden, verbunden mit dem Begriff der „Orthodoxie" oder der „Heterodoxie", aber auch mit Variationsbegriffen wie dem der „Heteropraxie".[22] China lebte immer schon in Auseinandersetzung mit fremden Lehren, musste die Grenzen zum Unstatthaften immer wieder neu definieren und kann so als ein „lernendes

---

22 Siehe hierzu Helwig Schmidt-Glintzer, Viele Pfade oder ein Weg? Betrachtungen zur Durchsetzung der konfuzianischen Orthopraxie, in: Wolfgang Schluchter, Hg., Max Webers Studie über Konfuzianismus und Taoismus. Interpretation und Kritik (suhrkamp taschenbuch wissenschaft 402) Frankfurt/Main 1983, S.298–341.

System" begriffen werden. Der Abwehr des Fremden stand das gegenüber, was ich „Integrationismus" genannt habe.[23]

Warnungen wie die des Konfuzius (*Lunyu II.24*): „Geistern zu opfern, die nicht die der eigenen Ahnen sind, ist Schmeichlerei", sollten Grenzen setzen und begründeten die Forderungen nach Innerweltlichkeit. Dabei beförderte eine spezifische Ambivalenz die Innerweltlichkeit in China, die ihrerseits selbst eine Folge der Ambivalenz war. Damit war eine Beschränkung gegeben, die aber doch nicht absolut war. Wie konnte da China Staatlichkeit organisieren und einem „Integrationismus", einer Harmonieanforderung entsprechen? Es gilt also auch hier der Satz des Sun Zi, des Klassikers der chinesischen Kriegskunst:

> Wer den Anderen kennt und sich selbst,
> Wird auch in hundert Aufeinandertreffen nicht in Gefahr geraten.
> Wer den Anderen nicht kennt, aber sich selbst,
> Wird manchmal gewinnen, manchmal verlieren.
> Wer weder sich noch den Anderen kennt,
> Wird in jedem Aufeinandertreffen in Gefahr geraten.[24]

Während der Staatspräsident Hu Jintao eine harmonische Gesellschaft proklamiert, erschlagen aufgebrachte Stahlarbeiter den Geschäftsführer ihrer Fabrik. Die Regierung vertagt daraufhin die geplante Restrukturierung im Stahlwerk Tonghua in der Provinz Jilin.[25] – Obwohl ein hochrangiges Parteimitglied die von ihr organisierten Bibelstunden mit großem Zulauf als Beitrag zum Aufbau der harmonischen Gesellschaft verstanden wissen will, werden ihr diese Aktivitäten von der Partei untersagt. Innenpolitisch ist China von einer großen Dynamik gekennzeichnet; die Regierung fürchtet Unruhen und ist daher an sozialem Ausgleich interessiert. Um Protestbewegungen nicht größere Ausmaße annehmen

---

23 Siehe Helwig Schmidt-Glintzer, Vielfalt und Einheit Zur integrationistischen Tendenz in der Kultur Chinas, in: Sigrid Paul, Hg., „Kultur" Begriff und Wort in China und Japan, Berlin 1984, S.123–141.

24 Lionel Giles, Sun Tzu and the Art of War. Shanghai-London 1910, S. XXX; s.a. Sunzi. Die Kunst des Krieges. Aus dem Chinesischen von Volker Klöpsch, Frankfurt/Main 2009, S. 20.

25 Henrik Bork, Stahlharte Methoden, in: Süddeutsche Zeitung Nr. 171 (28. Juli 2009), S.8.

zu lassen, wird ein *fragmentierter Autoritarismus* praktiziert. Dabei werden Protestbewegungen ernst genommen, und inzwischen hat sich auch ein hohes Maß an Bürgerbeteiligung, in besonderem Maß in Form von Nichtregierungsorganisationen (NGO = Non-government organization) etabliert. Dies führt etwa dazu, dass zahlreiche Wasserkraftprojekte mit Rücksicht auf die Proteste nicht durchgeführt werden. Protestbewegungen finden sich aus vielerlei Anlässen. Das staatliche Sicherheitsbüro beziffert die Zahl von Unruhen in China wie folgt: 2003 = 58.000, 2004 = 74.000, 2005 = 87.000 mit seither steigender Tendenz! Gegenüber 1993, als noch 8.700 verzeichnet wurden, bedeutet dies eine Verzehnfachung in 15 Jahren. Nun handelt es sich hierbei nur zum Teil um Massenproteste. Die Lage aber ist eindeutig.[26]

China ist ganz offensichtlich im Aufbruch – und keiner weiß, wie lang der innere Frieden hält. Selbstjustiz ist nicht nur an der Tagesordnung, sondern wird beklatscht, und unter den etwa 340 Millionen Online-Nutzern hat sich inzwischen der „größte Lynchmob der Welt" organisiert, der zu einem Kesseltreiben bis hin zu Morddrohungen gegen enttarnte Mitbürger führt.[27] So wird eine Modernisierung verwirklicht, die seit dem Ausgang des 19. Jahrhunderts China erneuern und wie ein leeres weißes Blatt neu beschreiben wollte. Es werden seither Handlungsspielräume eröffnet, die zunächst für den Staat, inzwischen nun auch für andere Akteure ein großes Maß an Freiheit eröffnen, eine Freiheit, vor der man berechtigterweise Angst haben muss,[28] weil sie noch nichts von der Warnung Immanuel Kants weiß, der im Jahre 1796 formulierte: „Die Gesetzmäßigkeit der Freiheit aber ist die höchste Bedingung des Guten und die Gesetzlosigkeit das wahre und absolute Böse, die Schöpfung des Übels."

---

26 Siehe Ching Kwan Lee, Against the Law: Labor Protests in China's Rustbelt and Sunbelt. Berkeley 2007, bes. S. 3 ff. Siehe auch Andrew C. Mertha, China's Water Warriors. Citizen Action and Policy Change. Ithaca & London 2008, bes. S. 152 ff.

27 Johnny Erling, „Pressefreiheit oder Lynchjustiz? Chinesen nutzen das Internet als Pranger, Gerichte verteidigen die Privatsphäre", in: Die Welt vom 30. Juli 2009, S. 23.

28 Siehe hierzu auch Helwig Schmidt-Glintzer, Chinas Angst vor der Freiheit. Der lange Weg in die Moderne. München 2009.

Europas Vielfalt und die Seele Chinas

Wenn Gottfried Wilhelm Leibniz von China als dem Europa des Ostens sprach, so hatte er eine Transformation Europas im Auge, die allerdings dann anders erfolgte als er sie sich wohl vorgestellt hatte. Nicht die Harmonie der europäischen Völker wurde erreicht, sondern in wechselseitiger Konkurrenz entfalteten sie ihre Kräfte und prägten dadurch nicht nur Europa, sondern nahezu die ganze Welt. Russland dehnte sich über den Fernen Osten hinaus bis an die Ufer des Japanischen Meeres aus.[29] China wurde zu einem glanzvollen Großreich, und die Kolonien der Europäer in Nordamerika wurden nach einigem Geschachere der Europäer und internen Konflikten als Vereinigte Staaten von Amerika zur stärksten Macht der Welt.

Heute schickt sich Europa an, zu einem „Neuen Europa" zu mutieren und die Titulierung als „Alteuropa" als Schmähung zu empfinden. Amerika und China begegnen sich mit Respekt, bilden ein bilaterales System wechselseitiger Abhängigkeit, und manche Europäer befürchten, das System der G-8 bzw. G-20 werde durch G-2 abgelöst – da gelte es, sich zu beeilen und ein neues Europa als „Vereinigte Staaten von Europa" zu bilden, und man wendet sich gegen die Rechtsprechung des Bundesverfassungsgerichts und appelliert an eine „Vision von Europa"[30]. Dabei wird dreierlei übersehen: Erstens sind auch noch die gegenwärtigen globalen Entwicklungen und Normierungen eine Folge europäischer Impulse. Eine europäische Sprache ist dabei, zur Weltsprache zu werden. Der Kalender Europas hat die Welt ebenso erobert wie die Ökonomie mit den Verbrennungsmotoren des Autos. Bei der Faszination durch die Erfolgsgeschichte Europas droht Europa seine wichtigste Ressource, nämlich seine Vielfalt, über Bord werfen zu wollen, um Amerika und China nachzueifern. Davon, dass es sich lohnt, die Werke und die Ressourcen des alten Europa nicht zu vernachlässigen, soll an anderer Stelle die Rede sein; auch die Diskrepanz zwischen den Idealen der amerikanischen Unabhängigkeitserklärung und der Realität der Gegenwart soll nicht das Thema sein, sondern allein die Erneuerung Chinas im 20. Jahrhundert

---

29 Siehe Dittmar Dahlmann, Sibirien. Vom 16. Jahrhundert bis zur Gegenwart. Paderborn 2009.

30 Wolfgang Clement, Eine Vision von Europa bewahren, in: Welt am Sonntag Nr. 30 (26. Juli 2009), S. 5.

und der Versuch der Abkehr von der Vergangenheit mit all seinen Konsequenzen und wie sich Europa darauf beziehen könnte.

So wie die Zivilgesellschaft Nordamerikas an ihren inneren Widersprüchen leidet, so quält sich China mit den Folgen der Abkehr von der Vergangenheit. John C. Kornblum versucht wortreich,[31] den Europäern die Augen dafür zu öffnen, dass es nicht angemessen sei, Amerikas Realität und Amerikas Handeln in der Welt an seinen Idealen zu messen, wie es die Europäer gern täten. Mit den Widersprüchen Chinas aber tut sich Europa besonders schwer, vermutlich weil China nicht wie die USA historisch ein „Produkt" Europas ist, sondern eigenen Gesetzen folgt, oder das zumindest versucht. Dabei gäbe ein Blick auf das alte China vielleicht nützliche Hinweise zur Erhaltung jener Strukturen, die China erst zu dem gemacht haben, das es wurde und das es zu bleiben trachtet: ein Vielvölkerstaat. So wie in Europa nur eine vage Vorstellung vom Ursprung der Kultur existiert und es neben nationalen Ursprungsmythen eine ganze Reihe anderer Zuschreibungen von Herkunft gibt, die durch Renaissance und viele sonstige Formen des Altertumsbezugs bis hin zur besonderen Rolle der Archäologie reichen, gibt es auch in China diese Vielfalt von Herkunftszuschreibungen. Die Vorstellung von einem China, das innerhalb seiner Grenzen nur „nicht-antagonistische" Widersprüche kenne in Verbindung mit dem vor allem seit der Mongolenherrschaft und sicher auch aus den Erfahrungen des Selbstschutzes erwachsenen expansiven Drang hat dazu geführt, dass China trotz aller Ansätze einschließlich eines Museumswesens und ausgeprägter urbaner Strukturen seit der Song-Zeit statt Eindeutigkeit und Orthodoxie immer wieder die Ambivalenz suchte und diese Strukturen erst im antiimperialistischen Kampf des 20. Jahrhunderts aufgeben zu müssen glaubte. Dass es dabei seine Seele verlor, die es nun wieder einzufangen sucht, bedeutet Trauma und eine große Chance zugleich. Es ist dieses Projekt der Wiedergewinnung einer Seele, das China weiter im Aufbruch bleiben lässt. Zugleich bietet dieses Projekt die beste Voraussetzung für den geistigen Austausch und die intellektuelle Partnerschaft zwischen China und Europa – nur dass hierzu Europa auch einen Beitrag leisten muss, der zunächst in einer höheren

---

31 John C. Kornblum/Dieter Kronzucker, Mission Amerika: Weltmacht am Wendepunkt. München 2009.

Wertschätzung der eigenen Kulturwissenschaften (und deren besserer finanzieller Ausstattung) bestehen müsste. Es wird dabei deutlich, dass die Beschäftigung mit China nicht nur zur Bestätigung europäischen Selbstbewusstseins dient, wie bei François Jullien, sondern dass die geistige Bewegung in China ein Eigenrecht beanspruchen kann, deren weitere Entwicklungen unvorgreiflich sind und deren Alterität als Bereicherung und zugleich als Herausforderung verstanden werden könnte. Dazu steht nicht im Gegensatz der Umstand, dass immer wieder insbesondere von solchen, die aus monotheistischen christlichen Frömmigkeitstraditionen kommen, eine gewisse Unüberbrückbarkeit zwischen China und Europa konstatiert wurde.

Gerade vor diesem Hintergrund ist die Beschäftigung mit einer Form der Ambivalenz eine bleibende Herausforderung, die sich insbesondere auf Strukturen des Handelns in der Welt unter Befolgung spezifischer Überzeugungen bezieht und die in den auf Eindeutigkeit und Widerspruchsfreiheit gerichteten Mentalitätsstrukturen des christlich geprägten und nationalstaatlich organisierten Europa daher nur als Asymmetrie erlebt wird. Ein besonders herausragendes Beispiel ist die Figur des Jing Ke (?–227 v.Chr.). Immer wieder hat diese Figur Aufmerksamkeit auf sich gezogen, wenn auch die Sinologie mehr mit der literarischen Überlieferung befasst war wie im Falle Herbert Frankes, welcher die „Geschichte des Prinzen Tan von Yen [?–226 v. Chr.]" (Yan taizi Dan) mehrfach aufgriff. Dabei ging es vor allem um Überlieferung und Authentizität und Datierungsfragen.[32] Doch auch dabei wird der Todesmut Jing Kes angesprochen, den selbstmörderischen Attentatsplan durchzuführen. In der Überlieferung finden sich Argumentationen gegen die Legitimität wie jene in dem Brief des Prinzen Dan an seinen Lehrer, wo es heißt:

> „Nun hat der König von Qin den himmlischen Regeln Gewalt angetan; tigergleich und wölfisch ist sein Wandel. Dem Dan begegnete er ohne Höflichkeit; der schlimmste ist er unter allen Lehensfürsten. Sooft Dan dies bedenkt, schmerzt es ihn bis ins innerste Mark. Berechnet man die Volkszahl des Staates Yan, so kann er Qin nicht Widerpart bieten. Wir würden unsre Jahre vertun, uns zu verteidigen, denn sicherlich reicht un-

---

32 Herbert Franke, Die Geschichte des Prinzen Tan von Yen, in: Zeitschrift der deutschen morgenländischen Gesellschaft, Band 107:2, Neue Folge Band 32 (August 1957), S. 412–458.

sere Kraft nicht aus. Ich möchte dagegen die tapfersten Ritter des ganzen Reiches zu uns ziehen und die kühnsten Helden innerhalb der Vier Meere bei mir versammeln, ginge auch darüber der Staat zugrunde und müßte ich alle Schatzkammern leeren, um ihnen allen Unterhalt zu bieten. Wenn wir dann mit schweren Geschenken und süßen Reden uns das Wohlwollen von Qin erkaufen, wird es voll Gier nach unseren Geschenken unseren Worten trauen. Dann braucht man sich nur auf das Schwert eines Einzigen zu verlassen und kann so ein Heer von einer Million ersetzen. In einem Augenblick könnte so die zehntausend Generationen während Schmach des Dan getilgt werden."[33]

Damit ist der Kern des *plots* berichtet; es geht um die Konzipierung eines Attentats, an dem später manche nur kritisierten, dass es „dem maßlosen Streben nach rächender Vergeltung am Verletzer seiner Ritterehre"[34] entsprang.

Dem Aspekt des mit einem solchen Attentat verknüpften Terrorismus hat sich neuerdings in intensiverer Form Yuri Pines zugewandt,[35] der nach der Schilderung der frühen Verehrung für den Attentäter Jing Ke die oben angesprochene Wendung als „Verflachung" apostrophiert und feststellt: "It seems that after a century of the repeated employment of the ‚good-bad' dichotomy, many Chinese intellectuals are no longer able to accept the moral ambiguity of the past."[36] Und er fährt fort:

"While Sima Qian, Su Shi, and many other imperial literati could sympathize with a person emotionally while negating his deed politically, this privilege of ambivalence apparently does not exist in contemporary China, which has only recently – and only partly – liberated itself from the quasi-Manichean ideology of communism and anti-communism. As in many other cases, modern authors prefer to avoid harsh moral dilemmas, inevitably flattening the complexity of the past. In retrospect, it seems that the analytical depth of traditional Chinese culture remains heretofore unmatched."

33 Herbert Franke, op.cit., S. 428–429.
34 Herbert Franke, op.cit., S. 423.
35 Yuri Pines, „A Hero Terrorist: Adoration of Jing Ke Revisited", in: Asia Major 3rd series, Bd. 21:2 (2008), S.1–34.
36 Yuri Pines, op.cit., S. 33.

Man könnte noch hinzufügen, solche Verehrung für einen Attentäter wäre, von Ausnahmen wie Graf Stauffenberg abgesehen, auch im Europa der Gegenwart schwer zu vermitteln![37]

An solchem vertieftem Verständnis Chinas und seiner Geschichte aber interessiert zu bleiben fordert das Interesse an den „Tiefenstrukturen" Chinas. Da Geschichte Teil der Allgemeinheit ist, ist sie nicht nur Last, sondern Teil der Vergesellschaftung. Und auch für China gilt der allgemeine Satz: „Wenn Erinnerung nicht verloren gehen soll, dann muss sie aus der individuell-biographischen in kulturelle Erinnerung transformiert werden."[38] Solches Nachdenken über Vergesellschaftung wird aus vielerlei Quellen gespeist und beflügelt. Daran haben sich denkende Menschen zu allen Zeiten abgearbeitet. Von Europa aus sind hierzu zahlreiche Beiträge geleistet worden. Insbesondere hat Thomas Hobbes die Einsicht propagiert, dass die einzige Garantie für den Frieden in der Allmacht des Staates liege. Und so wie diesem Suprematsanspruch des Staates alle Werte unterzuordnen, gleichwohl auch im Blick darauf zu relativieren sind, so ist die Gewinnung des inneren Friedens einer solchen Werthierarchie einzufügen.[39] Darin aber haben dann weder ein Attentäter noch ein Widerstandsrecht Platz. Wünschenswert ist eine solche Integration gleichwohl, weil sie einen geregelten Konfliktaustrag und den Rechtsfrieden erst ermöglicht. Der Fall eines gegen rote Ampeln missachtende Autofahrer mit Backsteinwürfen vorgehenden Rentners, dem die Menschen zujubeln und der im Internetblog tausendfachen Zuspruch erhält, hat sich in China zugetragen[40] und er zeigt, wie weit der Weg Chinas zu einer Zivilgesellschaft mit verlässlichen, rechtlich abgesicherten Konfliktregelungsverabredungen noch ist.

Offenbar ist es das Fehlen einer festen Instanz, die solche Selbstjustiz ermöglicht. Der damit verknüpften Ambiguität entspricht die Freiheit in der Wahl der Götter und die frühe Distanziertheit gegenüber allem

---

37 Yuri Pines, op.cit., S. 33–34.
38 Sibylle Cramer, Lebensanzeige Wolfgang Heidenreich. Berlin 2009, S. 10.
39 Zu dem Zusammenhang siehe Michael Theunissen, Selbstverwirklichung und Allgemeinheit: Zur Kritik des gegenwärtigen Bewußtseins. Berlin 1982.
40 Siehe Henrik Bork, Applaus für Opa Yan. Die Attacken eines Pensionärs auf Rotlichtsünder sind nur ein Beispiel für die in China immer mehr um sich greifende Selbstjustiz, in: Süddeutsche Zeitung Nr. 160 (15. Juli 2009), S. 8.

Göttlichen in der Figur des „Als-ob"[41]. Die dadurch entstandenen Spielräume im Guten wie im Schlechten auszuloten ist ein wesentliches Element aller Beschäftigung mit China immer gewesen, obwohl eine stärker bewusste Methodik hier noch viel Neuland erschließen könnte. Der europäische Ausweg hingegen findet sich nur im Märchen oder in solchen Geschichten wie jener von den durch Otfried Preußlers Buch wieder ins Bewusstsein gebrachten „Abenteuern des starken Wanja"[42], der am Ende seiner Abenteuer nicht nur seine charakterliche Untadeligkeit bewiesen hat, sondern auch die Zustimmung nicht nur der Menschen und der fast mit dem falschen Freier, einem illoyalen Usurpator, verehelichten Prinzessin, sondern auch des alten Königs sowie der Palastwachen erfährt. Damit ist wieder eine Harmonie ohne Ambivalenz erreicht, von der zu träumen verständlich, aber einer modernen Gesellschaft nicht zuträglich ist. Das europäische Projekt der Aufklärung hatte sich in einer Weise mit einem Wahrheitsbegriff verknüpft, der auf verschiedenen Ebenen und in vielen Sphären, nicht zuletzt in der Wissenschaft, Ambivalenzen und Mehrdeutigkeiten verwarf, so dass oft erst dadurch angeregt die außereuropäischen Kulturen im Wettlauf mit dem Westen einen Dogmatismus entwickelten. Dies zeigt sich besonders augenfällig in den islamischen Kulturen.

---

41 Hermann-Josef Röllicke, Die ‚Als-ob'-Struktur der Riten. Ein Beitrag zur Ritualhermeneutik der Zhanguo- und Han-Zeit, in: Michael Friedrich (Hg.), Han-Zeit: Festschrift für Hans Stumpfeldt. Wiesbaden 2006, S. 517–533.
42 Otfried Preußler, Die Abenteuer des starken Wanja. Würzburg 1968.

IV Bewährte Ziele, neue Netze und die Suche nach Harmonie

Allgemeinwohl vs. Privatinteresse

Von der Ambivalenz gegenüber jeder weltlichen Macht war die Rede. Eine andere Ambivalenz bezieht sich auf die Frage, wann das Allgemeinwohl zu beachten und wann das Privatinteresse zu berücksichtigen sei. Damit beschäftigt sich China seit Jahrtausenden, und die Frage der materiellen Ungleichheit ist wieder hoch aktuell! Dieser Diskurs hängt aufs engste mit der *unvollständigen Legitimität* zusammen, auch wenn das Moderne China zumeist unter anderen Fragestellungen betrachtet wird. Dazu haben die Bannerträger der Modernisierung Chinas in nicht unerheblichem Maße selbst beigetragen. Denn sie wollten China als „leeres Blatt" neu beschreiben, wie dies Li Dazhao (1889–1927), aber auch Sun Yatsen proklamierten. Vor allem aber litten sie unter dem, was Lu Xun (1881–1936) als AQ-ismus bezeichnet hatte, nämlich unter der Vorstellung von sich selbst, noch in der Niederlage sich als Sieger vorzustellen. So lächerlich diese Figur jedem erscheinen musste, so sehr wurde verkannt, dass gerade in dieser Figur auch ein hohes Maß an Stärke lag. Denn es war der Literatenbeamte, der *vita activa* und *vita contemplativa* auf eine besondere Weise ineinander verschränkte, – für den aber auch galt, dass er sich abhob, wie bei Konfuzius: „Das Wesen des Herrschers ist der Wind, das

Wesen der Geringen ist das Gras. Das Gras, wenn der Wind darüber hinfährt, muss sich beugen."[1]

Zu diesem Leitbild des Literatenbeamten gehörte auch die Verehrung der Gescheiterten,[2] die bis zur Heiligung reichende Respektierung gerade jener Figuren, die unterlegen waren, wozu Attentäter und gescheiterte Generäle gerechnet wurden. Daraus bezog ein ambivalentes Denken seine Kraft, die eine Reserviertheit gegenüber jedem Absolutheitsanspruch begründete und mit der sich alle Legitimierungsbemühungen auseinanderzusetzen haben. Ein Beispiel ist die Erinnerung an einen Rivalen des Reichsgründers Zhu Yuanzhang, Zhang Shicheng (1321–1367), an dem sich das komplexe Verhältnis von Zentralstaat und lokalen Gesellschaften verdeutlichen lässt.[3] Bis in literarische Werke der Gegenwart hinein wird diese Gestalt als Held, ja als Gottheit verehrt.[4] Es gibt also lebendige Erinnerung als Potential und damit das Wissen um Alternativen. Zu diesen Potentialen gehört natürlich auch die Revolution selbst.

Der Tiefenstruktur der Tradition hatten sich die Modernisierer zu Beginn des 20. Jahrhunderts zu entledigen versucht, wie Zhou Zuoren (1885–1967), Lu Xuns Bruder, der im Jahre 1918 programmatisch eine – so das Manifest – „Literatur für Menschen" forderte, wobei er einen aus der Evolutionslehre abgeleiteten Menschheitsbegriff anwendet. Demnach wurde alle Literatur der Vergangenheit verworfen, weil sie nicht realistisch sei, sondern von Göttern, Göttinnen, Unsterblichen, Übernatürlichen Wesen, Fuchsgeistern und Dämonen handele. Es ging ihm um ein neues Menschentum und ein Verlassen des alten konfuzianischen Menschheits- und Humanitätsbegriffs.[5] So verständlich und womöglich unumgäng-

---

1   Lunyu XII.19 in der Übersetzung Richard Wilhelms; siehe auch Albert Galvany, Diskussing Usefulness: Trees as Metaphor in the *Zhuangzi*, in: Monumenta Serica 57 (2009), S. 71–97, hier S. 72.

2   Zum thematischen Zusammenhang siehe auch Peter Davidson und Jill Bepler, Hg., The Triumphs of the Defeated. Early Modern Festivals and Messages of Legitimacy. Wiesbaden 2007.

3   Seunghyun Han, Bandit or Hero? Memories of Zhang Shicheng in Late Imperial and Republican Suzhou, in: Harvard Journal of Asiatic Studies 68:2 (December 2008), S.115–162.

4   Ebd. S. 160.

5   Siehe Lydia H.Liu, Life as Form: How Biomimesis Encountered Buddhism in Lu Xun, In: The Journal of Asian Studies vol. 68:1 (2009), S1. 21–54, hier S. 26.

lich dieser Aufbruch war, so hat er China doch nicht nur gestärkt, sondern innerlich auch geschwächt. Und wie konstitutiv die Götter und Geister heute noch sind, zeigt sich am deutlichsten in der Literatur, etwa in Mo Yans Roman „Der Überdruß" (2006, deutsch 2009). Wie eine „Verlorene Seele" geistern der Konfuzianismus und die alte Tradition der Menschlichkeit „unbehaust" in den akademischen und den literarischen Diskursen. Wohl auch deswegen kreist bis heute in den nachtraditionalen Debatten das Denken um die seit der Song-Zeit etablierte und sich immer wieder wandelnde konfuzianische Lehre,[6] und zugleich ist in den letzten Jahrzehnten ein Aufleben kommunaler Frömmigkeitsstrukturen und einer neuen Religiosität zu beobachten.[7]

Der Machtergreifung der Kommunistischen Partei und ihrer militärischen Verbände im Jahr 1949 waren jahrzehntelange innerchinesische Konflikte zwischen einzelnen politischen Richtungen und Fraktionen, aber auch zwischen China und anderen Staaten vorausgegangen. Dabei wurde schließlich den westlichen Mächten deutlich, dass eine neue Ära für die politischen Verhältnisse in Ostasien angebrochen war und sie mit der Eigenständigkeit politischer Akteure zu rechnen hatten. In der Endphase des Zweiten Weltkriegs war China zu einem der wichtigen Kriegsschauplätze zwischen Japan und den Alliierten geworden. Die chinesischen Streitkräfte aber hatten ihre Glaubwürdigkeit bei der eigenen Bevölkerung längst verloren. Die wirtschaftlichen Verhältnisse und das soziale Elend waren derart katastrophal, dass auch massive Waffenlieferungen Amerikas den Zusammenbruch der Guomindang-Herrschaft unter General Tschiang Kaishek nicht verhindern konnten. Überlegungen auf amerikanischer Seite, stärker die kommunistischen Kräfte zu unterstützen und in den Kampf gegen Japan einzubinden, wurden schließlich verworfen. Dies begünstigte die radikal-sozialistische Politik in den von den Kommunisten kontrollierten Gebieten.

6 Siehe John Makeham, Lost Soul: „Confucianism" in Contemporary Chinese Academic Discourse. Cambride 2008. Vgl. auch die Besprechung von Stephen C. Angle in: Harvard Journal of Asiatic Studies 69.1 (2009), S. 173–182.

7 Siehe Vincent Goossaert und David A. Palmer, The Religious Question in Modern China. Chicago 2011. Siehe auch Helwig Schmidt-Glintzer, Wohlstand, Glück und langes Leben. Chinas Götter und die Ordnung im Reich der Mitte. Frankfurt/Main 2009.

Proklamation der Volksrepublik China

Das Kriegsende in Europa schuf neue Möglichkeiten für Machtverschiebungen in Ostasien, wo Russland Anfang August 1945 mit einer großen Streitmacht in der Mandschurei zum Angriff gegen Japan einmarschierte. Trotz zwischenzeitlicher Vereinbarungen der Nationalregierung mit den Kommunisten und der Verständigung auf die Errichtung einer Demokratie in China, scheiterte die Wiedergewinnung der Macht durch die Nationalregierung, insbesondere, weil sie die demokratischen Prinzipien bald selbst verwarf und den Provinzen eine stärkere Autonomie versagte. Die Kommunisten konnten sich daher, nicht zuletzt auch wegen ihres durch ein erfolgreich eingeleitetes Bodenreformprogramm gestärkten Rückhalts in der Bevölkerung, mehr und mehr durchsetzen; ebenso trieben ihnen die von amerikanischer Seite gestützten Vergeltungsaktionen der Nationalregierung weitere Anhänger in die Arme. Die sorgfältig geplante Machtübernahme und die Proklamation der Volksrepublik China konnten die Kommunisten durch einen demonstrativen Truppeneinzug in Peking am 1. Oktober 1949 inszenieren, während sich die Nationalregierung nach Taiwan zurückzog. Die Kommunistische Partei mit dem Ständigen Ausschuss des Politbüros an der Spitze und die Regierung mit dem Staatsrat unter Vorsitz des Ministerpräsidenten standen nun vor gigantischen Aufgaben – und bewiesen zunächst eine glückliche Hand. Massenorganisationen und Verbände wirkten in die Breite und hielten das Land zusammen. Vor allem aber war es gelungen, die in den 1920er-Jahren erzielten Errungenschaften der Zentralisierung des Militärs für die Volksbefreiungsarmee aufrechtzuerhalten und den Zusammenhalt des Landes durch Verwaltungsmaßnahmen zu sichern.

Die außenpolitische Anlehnung der Volksrepublik an die Sowjetunion kam in der Reise Mao Zedongs nach Moskau am 16. Dezember 1949 zum Ausdruck, seiner ersten Auslandsreise überhaupt. Diese Beziehungen waren aber von Anfang an belastet. Doch konzentrierte sich der junge Staat auf die Innenpolitik und die Konsolidierung seiner Macht. Die Wiedereingliederung Tibets und Taiwans blieben das Ziel, das zum Teil mit dem Einmarsch der Volksbefreiungsarmee in Lhasa 1951 erreicht wurde. Mit dem im Juni 1950 ausbrechenden Koreakrieg änderte sich die Lage, doch erst nach Einmarsch amerikanischer Truppen in Pyongyang trat China in den Krieg ein, der insbesondere für Koreaner und Chinesen sehr verlustreich werden sollte, bevor er mit einem Waffenstillstand 1953 beendet wurde. Die seither aufrechterhaltene militärische Präsenz der USA in der Region bildete auch den Aktionsrahmen im Hinblick auf territoriale Streitfragen. Bis auf einige Grenzscharmützel Chinas mit der Sowjetunion und Indien sowie mit Vietnam fungierten in den folgenden Jahrzehnten die USA als Friedensgarant in der Region.

Politik des „Großen Sprungs"

Innenpolitisch führten die Erfahrungen des Koreakrieges zu einer Radikalisierung der inzwischen auf mehr als fünf Millionen Mitglieder angewachsenen Partei und ihrer Politik. Hierzu gehörten Massenkampagnen und mit der Aufstellung eines ersten Fünfjahresplans (1953–1957) im Jahre 1953 eine Planwirtschaft sowjetischen Musters. Bei dem vorrangigen Ausbau der Schwerindustrie kam es zu einer engen Zusammenarbeit mit sowjetischen Beratern. Die im Frühjahr 1956 von Mao Zedong eingeleitete „Hundert-Blumen-Bewegung", Ausdruck eines Richtungsstreits innerhalb der Partei, erhielt durch die Proteste in Polen, Ungarn und auch in Tibet eine neue Wendung und führte im Jahre 1957 zu einer kurzen Phase liberaler Meinungsvielfalt. Als diese auszuufern drohte, wechselte Mao seinen Standpunkt, und es kam zu einer beispiellosen Verfolgung von mehr als 300.000 Intellektuellen, die als „Rechtsabweichler" gebrandmarkt wurden. Schwaches Wirtschaftswachstum und Stagnation bei der Nahrungsmittelproduktion führten zu einer neuen Debatte im Vorfeld des zweiten Fünfjahresplans, bei der sich Mao Zedong schließlich mit einer auf Massenmobilisierung und eine „permanente Revolution" anstrebenden Politik durchsetzte, die zum „Großen Sprung" führte. Mit einer Bewegung zur Einrichtung von „Volkskommunen" 1958 hoffte man in den folgenden Jahren die Erträge für die etwa 600 Millionen Einwohner, davon vier Fünftel Landbevölkerung, zu steigern. Doch schwindende Getreideerträge und zugleich Getreideausfuhr in die Sowjetunion führten zu einem dramatischen Versorgungsmangel, der zwischen 1959 und 1962 zu mindestens 30 Mio. Hungertoten – manche Schätzungen nennen bis zu 60 Mio. – führte.

Der Abzug sowjetischer Berater 1960 bedeutete eine weitere Schwächung, die durch fortdauernde innerparteiliche Auseinandersetzungen

noch verstärkt wurde. Dabei gelang es Mao durch Ernennung des Kampf-
gefährten Lin Biao zum Verteidigungsminister, das Militär hinter sich zu
bringen und mit Hilfe eines 1963 einsetzenden beispiellosen Personenkultes
seine Position abzusichern. Dieser steigerte sich im Sommer 1966 zu einem
ersten Höhepunkt der „Großen Proletarischen Kulturrevolution", bei der
Studenten und Schüler gegen das Establishment mobilisiert wurden. Es
kam im ganzen Land zu Zerstörungen und Gewalttätigkeiten. Schulen
und Hochschulen wurden geschlossen, und Millionen Jugendliche wurden aufgefordert, alte Tempel, Bau- und Kunstwerke zu vernichten und
dadurch mit den Autoritäten abzurechnen. Innerhalb der Partei wurden
einzelne wie der Stellvertretende Vorsitzende des Zentralkomitees der KP
Liu Shaoqi und der Generalsekretär der KP Deng Xiaoping aus ihren Äm-
tern entfernt und öffentlich gedemütigt.

Trotz der Ausrichtung an Parolen Mao Zedongs verbanden sich die
zum großen Teil aus Unzufriedenheit gespeisten Proteste zunächst mit
unterschiedlichen Forderungen und führten etwa in Schanghai zu Konflikten einzelner Gruppen untereinander. Auf die Bildung der Schang-
haier Volkskommune gab es bereits im Frühjahr 1967 erste Versuche zu
einer Mäßigung, und im Sommer 1967 kam es mit dem sogenannten
„Wuhan-Zwischenfall" zu einem größeren Zusammenstoß zwischen Ra-
dikalen und dem Militär. Bemühungen, aus dem landesweiten Chaos
wieder zu geordneten Verhältnissen zurückzukehren, führten von Ende
1967 bis 1969 zu einer Reihe von Kampagnen, die – mit den Begriffen
der „Selbstkritik" und der „Säuberung" – insbesondere Mitglieder der
KP Chinas teils grausamen und erniedrigenden Prozeduren unterwar-
fen. Andererseits setzten sich zunehmend Kräfte der Mäßigung durch.
Obwohl Lin Biao 1969 zum designierten Nachfolger Mao Zedongs bestimmt worden war, verfolgte Mao seither doch wieder eine Stärkung der
Partei. Komplottpläne Lin Biaos gegen Mao endeten schließlich Ende
1971 mit einem Flugzeugabsturz, bei dem Lin Biao ums Leben kam.

Öffnung nach außen

Aus Einsicht in die Unhaltbarkeit einer dauerhaften Abkapselung Chinas
gegenüber der Außenwelt und insbesondere den großen Mächten USA
und Sowjetunion kam es zu einer außenpolitischen Reorientierung, die

ihren ersten spektakulären Ausdruck im Besuch des US-Präsidenten Richard Nixon im Jahr 1972 fand. Diese Ansätze zu einer Neuorientierung wurden begleitet durch eine wachsende Bereitschaft bei der Bevölkerung zu mehr Kritik und Protest. Das Jahr 1976 war dann in vielerlei Hinsicht ein Wendejahr. Als eine Kampagne spürbar wurde, den stellvertretenden Ministerpräsidenten Deng Xiaoping, der im Januar die Leichenrede auf den weithin verehrten Ministerpräsidenten Zhou Enlai gehalten hatte, wieder „auszuschalten", kam es am 5. April zu einer Massendemonstration in der Mitte des Tian'anmen-Platzes. Seither ist es immer wieder zu solchen spontanen großen Demonstrationen in Peking und auch andernorts gekommen. Diese innere Protestbereitschaft prägt mittlerweile China, und manche der Proteste wie jene von 1986 und dann vor allem jene Großdemonstrationen im Frühjahr 1989, die vorübergehend sogar zur Verhängung des Kriegsrechts führten, wurden international wahrgenommen. Der Tod des Revolutionshelden Zhu De, des Organisators der Roten Armee, am 6. Juli 1976 sowie ein katastrophales Erdbeben und schließlich der Tod Mao Zedongs am 9. September 1976 waren bereits als Signale des Übergangs gedeutet worden. Auch wenn sich die reformerischen Kräfte nicht sogleich durchsetzen konnten, waren die nun einsetzenden Reformen, verbunden mit einer weiteren Öffnung nach außen, einerseits eine Reaktion auf die Unzufriedenheit der Bevölkerung, sie dienten andererseits aber auch der Sicherung der Grenzen. Vor allem jedoch versprach man sich von der Öffnung einen Zugang zu den dringend benötigten westlichen Technologien.

Eine Frage blieb allerdings seither ungelöst, nämlich die zukünftige Rolle Taiwans, nachdem die UNO-Vollversammlung im Oktober 1971 den bisher von Taiwan eingenommenen UNO-Sitz der Volksrepublik zugesprochen hatte. Nach Einführung eines Mehrparteiensystems in Taiwan kam es dort zu Forderungen nach Unabhängigkeit. Inzwischen ist die Beziehung zwischen Taiwan und der Volksrepublik in eine neue Phase vorsichtiger Kooperation getreten. Nach dem Tod Chiang Ching-kuos im Jahre 1988 erlangte der Taiwanese Lee Teng-hui durch demokratische Wahlen die Präsidentschaft, im Jahre 2000 gefolgt von Chen Shui-bian aus der Demokratischen Fortschrittspartei, der 2008 wieder von einem Vertreter der Guomindang, Ma Yingjeou, abgelöst wurde.

Mit der Parole von den „Vier Modernisierungen" von Landwirtschaft, Industrie, nationaler Verteidigung sowie Wissenschaft und Technik wurde 1978 nicht nur ein ehrgeiziger Zehnjahresplan entworfen, sondern die in der Folge mit dem Namen Deng Xiaopings verbundene sozialistische Modernisierung bereitete auch den Boden für einen beispiellosen wirtschaftlichen und gesellschaftlichen Aufbruch Chinas, dessen Dynamik bis heute anhält. Insbesondere die Ermöglichung privatwirtschaftlicher Sektoren, zunächst in der Landwirtschaft, dann aber auch in nahezu allen Bereichen, nicht zuletzt auch die Einführung neuer Gesetze und Verwaltungsregelungen trugen mit zur Modernisierung und zur raschen Öffnung Chinas bei. Weite Teile der Öffentlichkeit forderten einen Abbau staatlicher Zwänge, was sich ab Ende 1978 in der „Mauer der Demokratie" artikulierte, den großen Inschriften an der Südmauer des Kaiserpalastes, die eine „Fünfte Modernisierung" forderten.

Sozialer und kultureller Wandel

Parallel zu einer Anti-Demokratiebewegung gegen regierungskritische Kräfte schritt die Normalisierung der Beziehungen zu den USA fort, und die Vertreter einer marktorientierten Wirtschaft gewannen an Boden. Die in einzelnen Provinzen erreichten Erfolge sollten auf das ganze Land übertragen werden. 1980 wurde Zhao Ziyang, ein Schützling Deng Xiaopings, Ministerpräsident, und die Viererbande musste sich in einem öffentlichen Prozess für die Kulturrevolution verantworten. Um das Bevölkerungswachstum zu bremsen, wurde die Ein-Kind-Politik verordnet. Trotz gelegentlicher Verwerfungen setzten sich immer wieder die Vertreter eines zügigen ökonomischen Wandels durch. So gingen Wirtschaftsreformen mit internen Repressionen einher, von denen jene Bilder von den Unruhen am Tian'anmen-Platz 1989 dank der Satellitenkommunikation, und auch weil aus Anlass des Gorbatschow-Besuchs ausländische Kamerateams vor Ort waren, der ganzen Welt vor Augen geführt wurden. Der Reformkurs wurde auch nach dem Tode Deng Xiaopings 1997 durch die von ihm in Schlüsselpositionen gebrachten Politiker Jiang Zemin und Zhu Rongji fortgesetzt, denen 2003 Hu Jintao und Wen Jiabao folgten, deren Amtszeit bis 2012 dauert. Die dynamische Wirtschaftsentwicklung führte auch zu einem sozialen und kulturellen Wandel. Dabei stand und steht das Ziel im Hintergrund, zum hundertsten Gründungstag der Volksrepublik China im Jahre 2049 die sogenannte sozialistische Modernisierung abzuschließen und das pro-Kopf-Einkommen auf die Höhe eines mittleren westlichen Landes zu bringen, so der China-Beobachter Harro von Senger.[8]

Seine Rolle als Weltmacht spielt China wirtschaftlich schon jetzt, was es ihm ermöglicht, Wirtschaftsboom und Devisenreserven in politische Macht zu konvertieren;[9] militärisch aber ist eine solche Rolle nicht in Sicht. Das Land konzentriert sich weiterhin auf eine harmonische innere Entwicklung mit erheblichen Risiken bezüglich der Umwelt, der ethnischen Minderheiten und der wachsenden Kluft zwischen Arm und Reich. Auch wenn die Energie- und Rohstoffversorgung gesichert sein sollte, hängt der soziale Frieden noch von einer Vielzahl anderer Faktoren ab. Das politische System wird sich jedenfalls nicht allein durch Wachstum und Wohlstandsgewinnung stabilisieren lassen. Zudem bleibt es eine offene Frage, wie viel Anlehnung an die Traditionen Chinas gesucht und wie viele Elemente aus dem Westen auf Dauer integriert werden.

Wie ernst die Regierung in Peking die Herausforderungen der Zukunft nimmt, wird überall deutlich, im Streit darüber, ob Premierminister Wen Jiabao nun ein guter Schauspieler sei – oder doch ein mit dem Herzen dem Volke zugewandter verantwortungsbewusster und sich sorgender Politiker – , aber auch in der Bewertung des früheren Staatspräsidenten Jiang Zemin (Jahrgang 1926). Manchmal nehmen Bemühungen um Regelungen groteske Züge an, wenn etwa die Regierung ein Normstandbild von Konfuzius erstellen lässt: so sah er aus, unverwechselbar![10] Dass sich darüber Hunderttausende Chinesen lustig machen, gehört mit zur Moderne der chinesischen Medien-Internet- und Sinnkrisenwelt. Doch bei aller Bereitschaft zu Witz und Spott ist die hohe Akzeptanz der Ordnungsfunktion des Staates nicht zu verkennen,

8 Christoph Höllrigl im Gespräch mit Harro von Senger, Z am Sonntag, Bozen, 19. Juni 2011, S. 16–17.
9 Nele Noesselt, Strategiewechsel in der chinesischen Europapolitik: Umweg über Deutschland?, GIGA Focus Asien Nr. 6/2011.
10 Siehe Helwig Schmidt-Glintzer, Kosmische Ordnung und die Rückkehr ins Diesseits, in: Karl Kardinal Lehmann, Weltreligionen. Verstehen, Verständigung, Verantwortung. Frankfurt/Main 2009, S. 180–204, hier S. 192.

auch wenn die Tendenz zum Versteckspiel unübersehbar ist. Dabei spielt symbolische Politik eine nicht zu unterschätzende Rolle. Im Januar 2011 hatte man eine 9,50 Meter hohe Konfuziusstatue vor dem Chinesischen Nationalmuseum aufgestellt, die dann im April wieder entfernt wurde. Über die Gründe wird vielfach spekuliert; manches spricht dafür, dass sich unterschiedliche Lager bzw. Parteiungen in dieser Angelegenheit uneinig waren und es daher zu diesem Hin und Her kam. Manche sehen die Affäre als Ausdruck eines ideologischen Machtkampfes zwischen Linken und Rechten. Mark Siemons fragte sich am 26. April 2011 in der Frankfurter Allgemeinen Zeitung aus Peking: „Bedeutet das Abräumen der Konfuzius-Statue nun den Sieg einer roten Fraktion, die den antifeudalistischen Kampf wieder beim Nennwert nehmen will? Oder ist es bloß der Triumph eines betont neutralistischen Lagers, das einen einzelnen Denker wie Konfuzius noch nicht einmal als Metapher fürs Ganze sprechen lassen will?" Und er fährt fort: „In den vergangenen Monaten hatte sich die chinesische Internet-Öffentlichkeit schon über die Skulptur zerstritten. Während sie viele als Hoffnungszeichen für eine kulturell zunehmend entwurzelte Gesellschaft begrüßten, lehnten sie viele andere ab: Eine solche symbolische Privilegierung lege das Missverständnis nahe, der Konfuzianismus solle wieder die nationale Ideologie Chinas sein. Möglicherweise handelte es sich ja auch um eine kombinierte Aktion von roten und neutralistischen Lagern, die beide, wenn's drauf ankommt, nur den Staat als Kultur anerkennen."

Dass der Umgang mit der Konfuziusstatue nicht nur auf Parteienstreit hindeutet, sondern auch darüber hinaus symbolische Wirkung entfaltet, hängt mit dem Umstand zusammen, dass mit der Figur des Konfuzius die Lernbereitschaft und die Notwendigkeit von Bildungsinvestitionen verknüpft ist. Zwar wächst auch in China das Bewusstsein davon, dass ohne Innovation Wohlstand nicht zu haben – und vor allem: nicht zu halten sein wird. Dies führt zu dem für manche ungewohnten Gedanken, dass es weniger auf den kurzfristigen Erfolg etwa des Verkaufs von Gütern und Dienstleistungen nach oder in China ankommt als vielmehr auf eine Innovationskultur. Denn auch in China hat man erkannt, dass es nicht genügt, für die Märkte von heute zu produzieren, sondern Produkte für die Märkte von morgen zu entwickeln.[11] Zugleich gibt es trotz Zunahme der Hochschulabsolventen einen spürbaren Fachkräftemangel. Daher werden gerade auch die im Ausland Studierenden umworben. Seit über hundert Jahren sendet China seine Jugend zum Studium in die Welt, insbesondere in den Westen, und seit über hundert Jahren werden westliche Lehren der Politik und der Verfassung übernommen und implementiert, und selbst der chinesische Nationalstaatsdiskurs ist ein Erbe europäischer politischer Traditionen. Der Umgang mit dieser Herausforderung wird sich fortsetzen, und dennoch ist inzwischen die übergroße Mehrheit der Chinesen davon überzeugt, dass China nicht zu einem Europa des Ostens werden sollte.

Der Verfassungsdiskurs und die Begründung von Regelbefolgungen

Bei allen Bemühungen um eine Fortentwicklung der Verfassung Chinas könnte sich die mit der Verleihung des Friedensnobelpreises 2010 offenkundig verbundene und in weiten Teilen des Westens gehegte Hoffnung, dass dadurch die Gefängnishaft des Preisträgers Liu Xiaobo aufgehoben oder verkürzt würde, als Illusion erweisen. Gewiss werden viele diese Preisverleihung als Bestätigung empfinden, Bürgerrechtler in China, sowie manche, die sich beschleunigte politische und institutionelle Reformen wünschen, vor allem aber all die Europäer, die zu glauben scheinen, China werde zu einem Europa Ostasiens. Doch während die politischen Vertreter Chinas, insbesondere der seit 2003 als Premierminister Chinas amtierende Wen Jiabao, wiederholt politische Reformen ankündigen, kritisiert die offizielle Politik die Nobelpreisvergabe und verschweigt diese in den von ihr kontrollierten Medien. So entsteht das Bild von einem starren China, das sich der Belobigung seiner auf Veränderung und Friedfertigkeit gerichteten Bürger, wie sie Liu Xiaobo repräsentiert, verweigert. Nach dem Willen der Regierung soll sich China nicht freuen über diesen Nobelpreis. Während vor allem die westliche Welt mit Liu Xiaobo einen sympathischen Friedens- und Menschenrechtsaktivisten ehren wollte, sah das offizielle China in dem Nobelpreis einen Versuch

11 Siehe Bruno Weisshaupt, Wohlstand ist nicht ohne Innovation zu haben – in China wie auch bei uns, in: Neue Zürcher Zeitung Nr. 210 (10. September 2010) S. 11.

der Destabilisierung seines inneren Gleichgewichts und eine Gefährdung seines in den letzten Jahrzehnten so erfolgreich erscheinenden Entwicklungspfades. Dieser Konflikt wirft tatsächlich die Frage auf – und das ist gewiss auch im Vorfeld der Preisverleihung im fünfköpfigen Preiskomitee erörtert worden – , ob die Verleihung dieses Preises zum ins Auge gefassten Zeitpunkt hilfreich sein würde. Denn wenn der Preis nicht nur den Menschen Liu Xiaobo, sondern auch das von ihm betriebene Verfassungsprogramm der Charta 08 meinte, stellt sich die Frage, ob dieser Verfassungsentwurf zukunftsfähig ist, vor allem aber, ob es zu dem Zeitpunkt förderlich war, in einem innerchinesischen und durchaus riskanten Entwicklungsprozess in dieser Weise Stellung zu beziehen.

Tatsächlich verbreitete sich die Nachricht von der Vergabe des Friedensnobelpreises trotz Zensur der Medien besonders rasch in jenen Kreisen und Bevölkerungsgruppen Chinas, in denen sich der Unmut gegenüber den gegenwärtigen Verhältnissen mit der Kritik an der gegenwärtigen Regierung paart. Zunehmende Unruhen und Proteste, und das weiß die Regierung Chinas aus der Geschichte, könnten sich bei krisenhafter Zuspitzung schnell zu einem Flächenbrand entwickeln. Dabei sieht die Staatsführung in der sozialen und finanziellen Lage der Bevölkerung zu Recht das größte Risiko, womit Wen Jiabao Anfang 2011 im übrigen auch die Weigerung einer schnellen Wechselkursanhebung des Renminbi begründete.

Wer aber wollte nicht die Persönlichkeit Liu Xiaobos schätzen und ehren? Insbesondere sein auf Gewaltlosigkeit und Vermeidung von Hass gerichtetes Reden und Verhalten verdienten nach weit verbreiteter Einschätzung große Sympathie. Und doch schien die Frage berechtigt, ob es in der gegenwärtigen Situation klug war, mit einer solchen Preisverleihung möglicherweise neue Unruhe zu stiften. Nun mag auch solche Unruhe ihr Gutes haben und insbesondere den innerhalb wie außerhalb Chinas bereits sehr lebendigen Diskurs über Fragen der Verfassungsentwicklung und der Durchsetzungen von Prinzipien der Rechtsstaatlichkeit und auch von Zurechnungsstrukturen von Verantwortlichkeit beflügeln. Andererseits war zu befürchten, dass gerade die als Affront verstandene Vergabe des Friedensnobelpreises an Liu Xiaobo jene Kräfte in Chinas Regierung in eine schwächere Position bringt, die gerade die Entwicklung hin zu stärkerer Partizipation der Bevölkerung und die praktische Durchsetzung von Prinzipien der Rechtsstaatlichkeit fördern wollen.

Verfassungen haben etwas mit Regelbefolgung und deren Begründung zu tun – daher auch spricht man im Westen von Gründungsvätern der Verfassung. Zugleich werden Verfassungen zumeist als Thema der Neuzeit und näherhin als Begleiterscheinung von Nationsbildungsprozessen und Moderne verstanden. Daher schreibt auch das China-Handbuch von 1974: „Eine Verfassung für den Staat ist modernes europäisches Geistesgut [...]. So ist auch der Verfassungsgedanke in China von außen, genauer: von Japan angeregt worden, das seinerseits auf europäische Vorbilder [...] zurückgegriffen hat."[12] Doch auch wenn die Verfassungsdiskussion in diesem Sinne in China erst Ende des 19. Jahrhunderts einsetzt, so hat es doch lange vorher staatliche Verfasstheit in China gegeben. Barbara Stollberg-Rilinger hat in ihrem Buch „Des Kaisers alte Kleider. Verfassungsgeschichte und Symbolsprache des Alten Reiches" die „Verfassungsgeschichte ... als Geschichte der symbolischen Formen und ihres Wandels" beschrieben.[13] Eine solche Geschichte lässt sich auch für das moderne China erzählen. Und anders als im Artikel des China-Handbuchs akzentuiert, sahen manche in China in der Reform-Periode des frühen 20. Jahrhunderts eine eigene Geschichte von Freiheit und Demokratie bzw. Partizipation, die bis in die Zeit des Konfuzius zurückreicht. Barbara Stollberg-Rilinger geht von einer Prämisse aus: „Jede institutionelle Ordnung bedarf symbolisch-ritueller Verkörperungen und beruht auf gemeinsam geglaubten Fiktionen. Fiktion bedeutet in diesem Zusammenhang, dass jede soziale Ordnung auf sozialer Konstruktion und kollektiver Sinnzuschreibung beruht."[14] Solche kollektiven Vorstellungen spielen auch in China weniger auf der Ebene der politischen Akteure, sondern vor allem in den Erwartungshaltungen der Bevölkerung eine konstituierende Rolle. Allerdings setzt eine institutionelle Ordnung auch ein gewisses Maß an Homogenität voraus, und so könnte die Forderung nach einer solchen Ordnung den Homogenisierungsdruck steigern und damit kulturelle Vielfalt schmälern und Freiheiten einschränken.

---

12 Siehe Wolfgang Franke, Hrsg., China Handbuch. Düsseldorf 1974, Spalte 1445.
13 Siehe Barbara Stollberg-Rilinger, Des Kaisers alte Kleider. Verfassungsgeschichte und Symbolsprache des Alten Reiches. München 2008.
14 Op.cit. S. 9.

Bei allen Überlegungen zur Verfassung und Verfassungsgeschichte in China sind aus westlicher Sicht dreierlei Distanzen zu überwinden, nämlich die Distanz zwischen den realen Unterschieden Chinas gegenüber anderen Kulturen, die Distanz zwischen einzelnen historischen Stufen und die Distanz kulturell unterschiedlicher Antworten auf die Frage nach Glaubwürdigkeit und Lüge bzw. Akzeptanz. Denn das ist ja heute das Problem, dass die Politiker unterschiedlicher Gesellschaften so tun, als gäbe es eine Gleichförmigkeit in „sozialer Konstruktion und kollektiver Sinnzuschreibung". Dies ist aber keineswegs der Fall, auch wenn wir von einer Weltgesellschaft reden! Wenn wir etwa von Menschenrechten sprechen, meinen wir etwas ganz anderes als chinesische Minenarbeiter, aber auch anderes als chinesische Auslandsstudenten, als heute Fünfzigjährige im europäischen Ausland ausgebildete Funktionäre im China der Gegenwart und selbstverständlich etwas anderes als die Erdbebenopfer der Katastrophe von 2008 in Sichuan. Auch ist die Verfassungsfrage in China zu verschiedenen Zeiten sehr unterschiedlich behandelt worden. Heute muss es daher auch um die Frage gehen, was, bezogen auf eine Verfassung, in Zukunft das Spezifische an China bleiben könnte.

Vielfalt der Modernen und das „Jahrhundert der chinesischen Revolution"

Auch wenn allgemein mit „Chinas Weg in die Moderne" die Zeit von der Mitte des 19. Jahrhunderts bis zur Staatsgründung von 1949 gemeint ist, so ist doch jedermann klar, dass Chinas Weg in die Moderne nicht erst im 19. Jahrhundert beginnt und schon gar nicht mit dem Jahr 1949 endet. Und immer stärker tritt in letzter Zeit die Frühe Neuzeit in China – wie übrigens in anderen Teilen der Welt auch – ins Bewusstsein der Selbstauslegung der Eliten, und die zunehmende Betonung eines eigenen Weges in die Moderne rückt auch die älteren Traditionen wieder stärker in den Blick. Dies im Auge, hat schon vor Jahren Shmuel Eisenstadt den Begriff der „Vielfalt an Modernen" (*multiple modernities*) geprägt. Die von Erik Hobsbawm behauptete Krise des 17. Jahrhunderts wird inzwischen als globale Krise verstanden.[15] Man muss also bereits dort einsetzen, wenn es um den Weg Chinas in die Moderne geht, und deswegen haben wir uns anfänglich auch mit dieser Epoche beschäftigt.

Und doch hat es seinen guten Sinn, das China seit der Zeit der Opiumkriege in besonderem Maße zu thematisieren, seit jener Zeit, in der man von China als Teil der Weltgesellschaft spricht, in der sich China den internationalen diplomatischen Usancen anzubequemen hatte: 1861 erst richtet China ein Außenministerium ein! Damit wird jenes Jahrhundert thematisiert, das Wolfgang Franke mit seinem 1957 erschienenen Buch als „Das Jahrhundert der chinesischen Revolution 1851–1949" bezeichnete. Es ist die Zeit der „Ostasiatischen Neubildungen", um einen Buchtitel Otto Frankes von 1911 zu zitieren.

Nun verläuft die Geschichte, wie wir wissen, keineswegs linear, sondern ist immer schon Ergebnis eines Rückblicks. Und bekanntlich ändern sich diese Blicke. Was aber für China typisch ist, ist die explizite Bezugnahme auf die lange Gründungsphase des Einheitsreiches. Während manche die Lehren des Konfuzius als die Grundlage Chinas betrachten und die Einheit von Gesellschaft und Staat betonen – diese Sicht ist bis heute vorherrschend – , haben andere einen gänzlich nach europäischen Vorgaben gebildeten Staat angestrebt. Im Rückblick aber muss man sagen, dass es in China zu keiner konstitutionellen Ausdifferenzierung von Gesellschaft und Staat gekommen ist. Diese Seite der Verquickung von Gesellschaft und Staat Chinas bleibt bei der Betrachtung der neueren Geschichte zumeist im Verborgenen, und doch muss die Geschichte der Utopien, der politischen Bewegungen sowie die Veränderungen auf dem Gebiet, das wir „politische Kultur" nennen, immer im Lichte dieser Verquickung einbezogen bleiben. In neuerer Zeit tritt als weitere Sphäre das Internet mit seinen vielfältigen Sinnkomponenten hinzu.

Das Jahrhundert der Revolution war das China der Reformer des ausgehenden 19. und der Revolutionäre des 20. Jahrhunderts und zuletzt vor allem das China Mao Zedongs, und es ist zugleich die Zeit der Suche nach einer neuen Verfassung, deren Etablierung nicht nur an der Bedrohung

15 Siehe AHR Forum: The General Crisis of the Seventeenth Century Revisited, in: The American Historical Review 113:4 (Oktober 2008), S. 1029–1099.

durch Japan und andere fremde Mächte scheiterte, sondern auch an inneren Hindernissen, nicht zuletzt an der mangelnden Bereitschaft der Teilregionen und ihrer Interessenvertreter. Und wenn heute als eine der Grundlagen von Chinas Wirtschaftserfolg der Wettbewerb zwischen den einzelnen Regionen bezeichnet wird, zeigt dies, dass wir es keineswegs mit einem homogenen Staatsgebilde zu tun haben – und doch gibt es den Traum von einer „harmonischen Gesellschaft", innerhalb derer die Herrscher, die Minister und die Amtsträger alle ihre Pflicht zum Wohle der Allgemeinheit ausüben. Dazu soll der Einheitsstaat, so fragil er ist, eine konstitutionelle Hülle liefern.

Im Falle Chinas gilt deshalb gerade nicht, was seit Adam Smith sonst allgemein so gesehen wird: dass der wirtschaftliche Fortschritt dem politischen vorausgeht. Wenn man die politische Einheit eines Kontinents, etwa Europas, als eine Folge der Durchsetzung moderner Markt- und Geldwirtschaft ansieht – deren drohender Zusammenbruch übrigens derzeit (d.h.: besonders seit 2009 bis heute) auch die politische Einheit bedroht – , so haben wir in China den geradezu klassischen Fall vor uns, in dem die Vorwegnahme des Ergebnisses, nämlich der politischen Einheit, die eigentliche „Voraussetzung", nämlich den wirtschaftlichen Fortschritt, lange Zeit geradezu verhindert hat, so dass sogar von einer „aporetischen Situation" gesprochen worden ist. Der Grund hierfür liegt in der schon mehrfach konstatierten „Ungleichzeitigkeit" in der Entwicklung Chinas.[16] Das „Experiment Moderne", welches seit dem Ausgang des 19. Jahrhunderts in einigen Städten Chinas gewagt wurde, dann aber doch zunächst scheiterte bzw. mit seinen ins Ausland emigrierenden Vertretern China den Rücken kehrte, ist zugleich ein Hinweis auf die Gefährdungen der Moderne, die inzwischen allerdings auch in den Provinzen Einzug gehalten hat. Andererseits entdecken wir, dass es doch

---

16 Dies ist eine weithin verbreitete Ansicht, wie sie auch im Vorwort des East Asian Research Center der Harvard University zu Silas H.L. Wu, Communication and Imperial Control in China, Cambridge, Mass. 1970, S. vii, zum Ausdruck kommt, wo es heißt: „the Chinese people today are in some degree victims of their past success. The unprecedentedly vast size of China today has been made possible and in fact unavoidable by the great achievements in the art of government that permitted the Chinese empire in its time to become the largest single human organization." Hervorhebung von mir, HSG. – Auf die von Mark Elvin vorgetragene These von der „high-level-equilibrium-trap" sei hier nur hingewiesen.

mehr Gleichzeitigkeiten gegeben hat als dies lange vermutet wurde. Die im 17. Jahrhundert, etwa von Leibniz, empfundene Gleichzeitigkeit zwischen Europa und China, die dann seit dem 18. Jahrhundert verworfen wurde, kehrt in der heutigen Forschung zurück, etwa in der seit den 50er Jahren des letzten Jahrhunderts geführten und bereits erwähnten Rede von der Krise des 17. Jahrhunderts, die bereits eine weltweite Krise war.

Aus einer anderen Perspektive sehen wir heute auch von China aus die Geschichte immer weniger aus der Sicht der Nationsbildung und der Befreiung, die das 20. Jahrhundert geprägt hat (Volksbefreiungsarmee), sondern wir sehen eine Verknüpfungsgeschichte. Wenn man die Mandschu-Herrschaft mit der vorherigen Ming-Dynastie vergleicht, wird dies augenfällig. Die Randländer Chinas, die inzwischen zum Teil eingemeindet sind, spielten eine besondere Rolle, und wenn wir Europa und China vergleichen wollen, sehen wir große Differenzen zwischen den zentrifugalen und zentripetalen Kräften, die jeweils am Werk waren.

Während wir in Europa prinzipiell eine Polyzentralität vorfinden: – *Gallia est omnis divisa in partes tres* – , ist China geprägt von einer Monozentralität, wobei es nie ein „natürliches" Zentrum gab; auch Peking, seit 500 Jahren Hauptstadtsitz, war bis in die neueste Zeit nicht unangefochten. Immer stand auch Nanjing zur Wahl, einmal abgesehen von den kriegsbedingt wechselnden Hauptstädten im 20. Jahrhundert, darunter neben Nanjing Chongqing, Beijing, Xi'an, Kanton und Wuhan. Die Bestimmung der Hauptstadt war ebenso wenig eindeutig wie die Bestimmung des Souveräns. Natürlich sollte seit dem Zusammenbruch des Kaiserreiches das Volk Chinas der Souverän sein. Der Kaiserpalast wurde entsprechend von der verbotenen Stadt zum Museum. Doch wie unsicher dies blieb, zeigt sich an den Plänen der kommunistischen Machthaber in den 50er Jahren, den Palast abreißen zu lassen und an dessen Stelle die Parteizentrale zu bauen. Auch die Errichtung des Mao-Mausoleums war der Versuch, einen Gründungsmythos in Stein zu realisieren. Eine weitere Herausforderung war, dass sich am Ende der Qing-Dynastie Teile zu verselbständigen begannen – und dann doch wieder von China eingeholt wurden: Tibet, die Mongolei, Ostturkestan, die Mandschurei. Die Systeme symbolischer Verständigung, die Durchsetzung gleicher Standards entfalteten sich in einem eigenen Rhythmus. Intern gab es erhebliche Barrieren (Binnenzölle), auch den Wettbewerb der Regionen, und doch wurden gerade die Differenzen immer wieder geleugnet oder umdefiniert, sei es in „nicht-antagonistische Widersprüche" wie zu Zeiten der Kulturrevolution oder – wie gegenwärtig – mit der Betonung der „harmonischen Gesellschaft".

Noch in den 60er Jahren des 19. Jahrhunderts konnte Johann Heinrich Plath eine Schrift mit dem Titel „Verfassung und Verwaltung China's unter den drei ersten Dynastien" vorlegen, jener Plath, der maßgeblich an den Göttinger Unruhen von 1831 beteiligt war, wofür er sieben Jahre, von 1836 an bis zum 1. März 1843, in Celle eingesessen hatte, nachdem er am 19. Mai 1836 in erster Instanz „wegen Aufruhrs und Majestätsverbrechens von der Königlich-Britannisch-Hannover'schen Justiz-Canzlei zu Celle" zu zwölf Jahren Zuchthaus verurteilt worden war. Es war übrigens jener J. H. Plath, welcher der erste Bibliothekar des Frankfurter Paulskirchenparlaments war. Während dieser Göttinger Rebell – inzwischen in München ordentliches Mitglied der Bayerischen Akademie der Wissenschaften geworden – noch in den 60er Jahren von der Verfassung des Alten China spricht, sind in China selbst Bestrebungen im Gange, das Land zu entwickeln, sich selbst zu stärken und eine Verfassungsdiskussion zu beginnen, auf die schon Bezug genommen wurde, – und man begnügte sich eben nicht damit, alte Zustände zu restaurieren. Die Zeit nach der endgültigen Niederschlagung der Taiping-Bewegung 1864 bis zur Durchsetzung Chiang Kai-sheks als Präsident der Republik mit einem umfassenden Machtanspruch im Jahre 1927, nachdem er den 1926 begonnen Nordfeldzug erfolgreich abgeschlossen hatte, war eine weitere Zeit der Suche nach einem neuen Weg für China und dabei auch nach einer Verfassung. Die Verfassungsdiskussion in China wurde dabei lange im wesentlichen bestimmt von der Forderung der lokalen Gentry nach stärkeren Selbstverwaltungsrechten. Dabei handelte es sich um eine seit der Reichseinigung geführte Debatte über den Gegensatz von *fengjian* und *junxian*, Feudalismus vs. Zentralismus, oder: Subsidiarität vs. Zentralität. Eng damit verbunden war der Diskurs über „öffentlich" (*gong*) und „privat" (*si*).[17]

---

17 Tu-ki Min, National Polity and Local Power. The Transformation of Late Imperial China. Cambridge, Mass 1989.

Es sind jedoch bei der Konstitutionalismusfrage von vornherein noch weitere Impulse und Sphären zu beachten. Neben der regionalen Dynamik hatte sich am Ende des 19. Jahrhunderts zeitweise eine Fraktion Zugang zum Kaiserhof verschaffen können, die eine konstitutionelle Monarchie anstrebte. So kam es im Jahre 1898 unter persönlicher Leitung des Guangxu-Kaisers, der einer Schar junger Reformpolitiker Gehör schenkte, zu einem ersten Verfassungsentwurf für eine konstitutionelle Monarchie – ein Reformprozess, der nur hundert Tage währte, bis ihn die Kaiserinwitwe Cixi abbrach. Angeregt wurde diese Initiative von der westlichen Vorstellung, ein Staat brauche eine Verfassung. Unmittelbares Vorbild war Japan mit seiner Meiji-Verfassung, die nach dem preußisch-deutschen Vorbild entstanden war. Eine Schwierigkeit jedoch brachte schon der Verfassungsbegriff mit sich: *xiànfǎ* bedeutete „Erlass" und hatte den Charakter obrigkeitlicher Verfügung. Dies war einer der Gründe für die Schwierigkeiten in der Verfassungsdiskussion der letzten hundert Jahre, in denen vom Kaiserreich, der Republik, der von der Guomindang (GMD) geführten Nationalregierung und schließlich der Kommunistischen Partei Chinas (KPCh) insgesamt über vierzig Verfassungsentwürfe vorgelegt wurden.

In unterschiedlichem Maße waren die Entwürfe entweder autokratisch oder plebiszitär gefärbt. Der Versuch der Mandschu-Regierung, eine konstitutionelle Reform zu implementieren, stieß jedenfalls auf massiven Widerstand gerade der Gentry, die ihrerseits konstitutionalistische Interessen mit dem Ziel der Errichtung von Provinzparlamenten verfolgte. Damit sollte die regionale Selbstverwaltung gestärkt und das Pfründeninteresse der regionalen Eliten abgesichert werden. Die von den Reformern schon seit längerem propagierte Errichtung einer Verfassung wurde nach dem Boxerkrieg 1900/1901 auch von der Kaiserinwitwe Cixi aufgegriffen. Inzwischen war allen deutlich geworden, dass das parlamentarische System des Westens ein wesentlicher Faktor der Überlegenheit dieser Länder sein müsse und dass es nicht nur Wissenschaft und Technik alleine seien, aus denen die westliche Überlegenheit bestehe.[18] Bereits 1884 hatte Kang Youwei auf folgende drei Notwendigkeiten hingewiesen: 1. Veränderungen der Institutionen, 2. die Gefühle der Massen ver-

18 Tu-ki Min, op.cit., S. 113.

stehen, 3. sorgfältige Auswahl von Mitarbeitern der Verwaltung. Die Regierung hatte sich also schließlich zur Einführung einer konstitutionellen Monarchie entschlossen, so dass 1909 die Absicht geboren wurde, in den Jahren 1912–1914 in allen Verwaltungsbezirken Wahlen mit dem Ziel der Errichtung einer lokalen Selbstverwaltung (*difang zizhi*) durchzuführen.[19] Doch trotz erster Erfolge erwiesen sich die oben genannten Partikularinteressen als unüberwindliches Hindernis.

Gelernt also hat China von Europa. Das führt zu der bereits mehrfach angesprochenen Frage nach dem Verhältnis von Geschichte und Identität Chinas. Ob China als China fortbestehen könne oder gar dürfe oder als „Neues China" „wiedergeboren" werden müsse, diese Frage hat viele Intellektuelle Chinas seit dem Ausgang des 19. Jahrhunderts nachhaltig beschäftigt, und diese Debatte ist bis heute nicht abgeschlossen. Dabei wurden westliche Inhalte übernommen, ganze Segmente der städtischen Kultur und Gesellschaft, und Industrien ebenso wie Wissenschaften wurden nach westlichen Vorbildern geprägt. Als Beispiel sei nur Liang Qichao (1873–1929) genannt, der nachhaltig von dem Göttinger Juristen Rudolph von Ihering (1818–1892) und dessen Schrift „Der Kampf um's Recht" von 1872 beeinflusst war, die mit dem Satz beginnt: „Das Ziel des Rechts ist der Friede, das Mittel dazu der Kampf".[20] Darin heißt es – für einen Chinesen provokativ: „Die politische Stellung eines Volkes nach Innen und nach Außen entspricht stets seiner moralischen Kraft – das Reich der Mitte mit seinem Bambus, der Ruthe für erwachsene Kinder, wird trotz seiner Hunderte von Millionen den fremden Nationen gegenüber niemals die geachtete völkerrechtliche Stellung der kleinen Schweiz einnehmen."[21] Liang Qichao wurde bekanntlich durch Ihering zur Formulierung seines Kapitels über das Rechtsbewusstsein (*Lun quanli sixiang*) in seiner Programmschrift „Über das Neue Volk" angeregt.[22] An

19 Roger R. Thompson, China's Local Councils in the Age of Constitutional Reform 1898–1911. Cambridge, Mass. 1995.
20 Rudolph von Ihering, der Kampf um's Recht. 1872, zitiert nach der 11. Auflage, Wien 1894, S. 1.
21 Ebd., S. 70.
22 Siehe Stephen C. Angle, Should we all be more English? Liang Qichao, Rudolf von Ihering, and Rights, in: Journal of the History of Ideas 2000, S. 241–261. – Zu diesen ideengeschichtlichen Transformationsprozessen siehe auch Joseph R.

dieser Stelle könnte bruchlos auf die Menschenrechtsdebatte in China in der ersten Hälfte des 20. Jahrhunderts eingegangen werden.[23]

Wenn wir die Zeit zwischen 1840 und 1949 thematisieren, sind wir nicht frei von den zwischenzeitlich abgelaufenen weiteren sechzig Jahren. Mit der Volksrepublik 1949 kam auch eine neue Verfassung. Auf der Grundlage des gemeinsamen Programms der Politischen Konsultativ-Konferenz des Chinesischen Volkes von 1949 wurde am 20. September 1954 vom Ersten Nationalen Volkskongress die Verfassung der VR China angenommen. Doch die Mitte des 20. Jahrhunderts in China war auch das China Mao Zedongs, und seine Bedeutung für China ist bis heute nicht geschmälert. Es war die Zeit eines Personenkultes, dem gegenüber jeder andere Kult zurückzutreten hatte. Das erste und das letzte Viertel dieses Jahrhunderts werfen Licht auf die Zeit und die Person Mao Zedongs, der, trotz vieler persönlicher Schwächen und zahlreicher Gegner, innerhalb der Kommunistischen Partei Chinas und dann auch bei den meisten Chinesen einen Kult auf sich zog, der ihn zu einer Heilsgestalt, zu einer Symbolfigur weit über China hinaus werden ließ. Als in der Nacht vom 8. auf den 9. September 1976 die Nachricht vom Tode Mao Zedongs veröffentlich wurde, spiegelte sich in den Reaktionen darauf auch der Umstand, dass Mao Zedong nicht nur für viele Chinesen, sondern auch für die übrige Welt zur Inkarnation Chinas geworden war.[24]

Heute wissen wir mehr über die Abermillionen Hungertoten der Politik des „Großen Sprungs", jener Initiative, bei der unter anderem jedes Dorf seinen Hochofen zur Stahlerzeugung errichtete, was scheitern musste, und wir wissen, dass die Ernteausfälle nicht die Folge von Unwettern waren, auch wenn in China über Jahrzehnte diese Hungersnot in den historischen Darstellungen verschwiegen wird. Damit freilich ist noch nicht die Zurechenbarkeit von Verantwortung entschieden, sondern nur die Relativierbarkeit der Bedeutung Mao Zedongs, die seit dem Ende der

Levenson, Liang Ch'i-ch'ao and the Mind of Modern China. Berkeley 1967, sowie Ders., Confucian China and Its Modern Fate. A Trilogy, Berkeley 1968.

23 Siehe zu dieser Thematik Marina Svensson, The Chinese Conception of Human Rights: The Debate on Human Rights in China, 1898–1949. Lund 1996.

24 Siehe hierzu Helwig Schmidt-Glintzer, Mao Zedong – die „Inkarnation Chinas", in: Wilfried Nippel, Hg., Virtuosen der Macht. Herrschaft und Charisma von Perikles bis Mao. München 2000, S.260–277.

80er Jahre auch in China selbst öffentlich diskutiert werden kann. Der Umstand, dass bestimmte Traumata erst nach längerer Latenz bewusst und dann auch erst „verarbeitbar" werden, ist ja ein für das 20. Jahrhundert vielfach konstatiertes Phänomen.

Die mit der Kulturrevolution versuchte Befeuerung einer Veränderungsdynamik, wie sie Robert Jay Lifton im Begriff der „revolutionären Unsterblichkeit" zusammengefasst hat, ist nach Mao Zedongs Tod trotz aller Relativierungen seiner Leistungen auf unterschiedliche Weise wiederholt beschworen, aber auch kritisiert worden. Dies steht in engem Zusammenhang mit dem Pragmatismus Deng Xiaopings (1904–1997), dessen „comeback" seit Anfang 1977 gleichwohl auch etwas mit Charisma zu tun hat und an eine Jahrhunderte alte Tradition erinnert, bestimmten Führern, insbesondere Militärs, durch Mundpropaganda besondere Fähigkeiten zuzusprechen. In diesem vitalistischen Milieu und dann auch in den Jahrzehnten des Bürgerkriegs und äußerer Bedrohung hatte ohnehin die Verfassungsfrage nicht an oberster Stelle auf der politischen Tagesordnung gestanden. Seit dem 19. Jahrhundert war die Beziehung zwischen Aufstieg und Niedergang, Blüte und Verfall neuen spekulativen Ideen zugänglich geworden. So sahen manche das politische wie das kosmische Geschehen in Kreisläufen, in großen Zyklen, und solche Vorstellungen haben dann ihrerseits in besonderem Maße Reformüberlegungen beeinflusst. Man sah sich angesichts der Konfrontation mit dem Westen in einer Wendezeit, in einer Zeit des Umbruchs und am Beginn eines neuen Zeitalters. Gedanken an Erneuerung, Wiedergeburt oder Wiederaufblühen, solche Renaissance-Vorstellungen verbanden sich leicht mit dem Blick in die Vergangenheit, in das idealisierte Altertum. Der Ruf nach solcher Wiederherstellung idealer Zustände, der sich in der Literatur und Dichtung ebenso artikulierte wie in der politischen Essayistik, ist seit der Tang-Zeit (618–907) immer wieder laut geworden. Im 19. Jahrhundert und dann natürlich während der 4.-Mai-Bewegung 1919 verknüpften viele Intellektuelle die Forderung nach einer unverfälschten Wahrnehmung des Altertums mit der Erwartung einer Stärkung Chinas.

Eine solche Stärkung suchten viele durch Adaption westlicher Ideen und westlicher Technik; nicht wenige aber glaubten, durch das Anknüpfen an die guten Seiten der chinesischen Traditionen zu einem starken China gelangen zu können. Dazu zählte die mit der Überwindung des Feudalismus gleichgesetzte Herrscherfigur des Reichseinigers und Reichsgründers Qin Shihuangdi. Während der Zeit der Kulturrevolution, aber auch danach wurde die Einschätzung dieses Qin Shihuangdi einer grundlegenden Revision unterzogen, der einerseits ja immer dadurch fasziniert hatte, dass er und seine Berater es schafften, ein Einheitsreich gebildet zu haben, der aber doch das Schaudern aller Mitglieder der Elite hervorrief, weil er angeblich Literaten und wahrscheinlich auch Historiker bei lebendigem Leibe habe begraben lassen. Er wird auch sonst als Unhold – und Faszinosum zugleich – dargestellt, als der große, böse, blutrünstige – aber eben doch notwendige – Tiger. Diese negative Einschätzung nun wurde während der Zeit der Kulturrevolution beiseite geschoben; man setzte auf den starken, zentralistischen Staat, der nur noch Untertanen hat und keine Zwischenschichten kennt. Um solche Zwischenschichten drehten sich ja (und drehen sich bis heute) sämtliche Debatten über die Stellung der Intelligenz im Staat. Zwar gab es während der Kulturrevolution einen starken antiintellektualistischen Trend, so dass etwa Funktionäre und Akademiker zur Land- oder Industriearbeit abgeordnet wurden, doch waren bestimmte Grundstrukturen wie die Vorstellung einer durch Erziehung und Bildung sich für Führungsaufgaben qualifizierenden Elite auch innerhalb der kommunistischen Bewegung bestimmend geblieben.

Die Orientierung an einer starken Herrscherpersönlichkeit kommt auch darin zum Ausdruck, dass sowohl Yuan Shikai, der mächtige Militär der Jahrhundertwende, der von 1912 bis 1916 Präsident der Republik China war, als auch Mao Zedong, jedenfalls zeitweise, die Kaiserwürde anstrebten. Hier zeigt sich auch die Wirksamkeit des Einheitsstaatsideals, das durch die Demütigungen durch die Kolonialmächte eher verstärkt als relativiert worden war. Es muss daher auch offen bleiben, ob Maos Charisma nur für bestimmte Generationen gilt, einschließlich derer, die besonders unter ihm gelitten haben. Denn in einer, wenn auch sublimierten Form folgte noch die These Kate Xiao Zhous, die Bauern und nicht Deng Xiaoping hätten die Phase wirtschaftlicher Prosperität nach dem Ende der Kulturrevolution eingeleitet, der Lehre Maos von der tragenden Bedeutung der Bauern.

Die Erfahrungen mit der eigenen wechselvollen Geschichte, insbesondere mit den Demütigungen durch den Westen, einschließlich Rußlands, und durch Japan, lassen in China der Integration des Reiches höchste Priorität zukommen. Angesichts der Entwicklungen in der Sowjetunion und in dem inzwischen in sieben Staaten zerfallenen Jugoslawien geht es in China bis heute darum, die Verfassung des eigenen Landes in den Köpfen zu stabilisieren. Denn in den Köpfen begannen in Jugoslawien wie anderswo staatliche und gesellschaftliche Auflösungsprozesse, wie der Südosteuropaexperte Holm Sundhaussen feststellte. Daher geht es in China sowohl um die Eindämmung von ethnischem Nationalismus wie von partikularisierenden Religionsbewegungen oder von regionalen Sonderentwicklungen. Der Prozess der Aushandlung von Handlungsgrenzen und der Konfigurierung von Sinnsystemen entfaltet dabei jedoch ein hohes Maß an Eigendynamik.[25]

Zweite Modernisierung, das Erbe der Revolution und neue Rechtsstaatlichkeit

Was heute in den Köpfen der Chinesen vor sich geht, ist gerade wegen seiner Buntheit nicht leicht zu ermitteln. Damit beschäftigen sich nicht nur Sinologen, sondern auch chinesische Sozialwissenschaftler reflektieren die Modernisierungsprozesse. Was die Modernisierung betrifft, so hat Ende Oktober 2008 die chinesische Regierung eingeräumt, dass China nunmehr die USA im Ausstoß von CO_2 übertroffen habe. Dass dieser Modernisierungspfad zur Revision ansteht, ist Thema in Europa wie in China, und sehr viel wird davon abhängen, ob diese zweite Modernisierung, die Gestaltung einer auf Nachhaltigkeit und Umweltverträglichkeit gegründeten Lebensweise, realisiert werden kann.

Während bei uns manche Historiker wie Wolfgang Reinhardt angesichts der Entstaatlichungsprozesse von einem neuerlichen Mittelalter sprechen, herrscht in China die Überzeugung vor, bald vollends in der Moderne angekommen zu sein. Das Jahrhundert der chinesischen Revolution (1851–1949) war auch ein Jahrhundert weitgehender Verwest-

---

25 Siehe Drue C. Gladney, Dislocating China. Reflections on Muslims, Minorities, and Other Subaltern Subejcts. Chicago 2004.

lichung. Das folgende Jahrhundert, in dessen Mitte wir uns jetzt befinden, steht vor der Herausforderung, Modernisierung und Teilhabe zu organisieren, ohne eine vollständige Gleichförmigkeit aller Kulturen anzustreben. Viele Vorstellungen westlich-moderner Gesellschaften sind zum Ideal auf der ganzen Welt geworden. Doch erst wenn die langfristigen Modernisierungsgewinne und -verluste gegeneinander abgewogen werden, und dies muss immer wieder neu unternommen werden, besteht eine Hoffnung, dass es hierüber auch eine internationale Verständigung und durchaus auch einen Wettbewerb gibt. Ob dieser in China in der Etablierung einer Verfassung im modernen westeuropäischen Sinne münden wird, bleibt abzuwarten.

Im Dezember 2008 hat eine Gruppe von Intellektuellen unter Hinweis auf Einhundert Jahre erste Verfassung Chinas (gemeint ist das Verfassungsedikt vom 26.8.1908), auf sechzig Jahre Erklärung der Menschenrechtscharta der UNO (10.12.1948) und auf dreißig Jahre Mauer der Demokratie betont, „die Überführung der politischen Herrschaft in eine Demokratie erlaubt keinen weiteren Aufschub." Für das Jahr 2009 standen weitere Jubiläen bevor, auf die sich Reformer berufen konnten, vor allem die 4.-Mai- Bewegung von 1919, aber auch die Niederschlagung der Studentendemonstrationen am Tor des Himmlischen Friedens (Tian'anmen) am 4. Juni 1989, sowie im März 2009 fünfzig Jahre Aufstand in Tibet. Und obwohl in der Verfassung die Integrität des Vielvölkerstaates, einschließlich Tibets, festgeschrieben ist, und obwohl die internationale Finanzkrise in China wie im Westen spürbar war und die Staaten näher aneinanderrücken ließ, setzte die Regierung alles daran, Stabilität zu gewährleisten. Trotz aller Opfer interpretiert sie weiterhin die Revolution und die Selbstorganisation Chinas als eine Erfolgsgeschichte, wohl in der Hoffnung, dass eine Erinnerung an diese positiven Seiten dazu beitragen möge, der Notwendigkeit von Transformationsprozessen besser gerecht zu werden.[26]

Diese positive Seite spielt in China bis heute eine Rolle, und daraus erklärt sich die grundsätzliche Akzeptanz der Regierung und die auf Disziplin gerichtete Selbstorganisation der Partei mit im Jahre 2011 mehr als

26 Siehe Elizabeth J. Perry, Studying Chinese Politics: Farewell to Revolution?, in: The China Journal 57 (2007), S.1–22. – Dies., Reclaiming the Chinese Revolution, in: The Journal of Asian Studies 67:4 (Nov. 2008), S. 1147–1164.

70 Millionen Mitgliedern. Zustände wie in Moskau wird man in Peking nicht finden. Und doch wird sich auch China von der Revolution verabschieden müssen. Die Frage ist nur, wie weit es gelingen wird, die Wertorientierungen der Revolution in neue Institutionen und in Verfassungen und rechtsstaatliche Prozeduren zu überführen. China ist immer noch ein Experiment, so als wollte man ganz Europa unter einer politischen Führung einer harmonischen Gesamtentwicklung zuführen. Und doch gibt es einen gravierenden Unterschied: Es gibt in China eine zwar nicht bruchlose, aber doch immer wieder an die Vergangenheit und alte Traditionen anknüpfende Staatlichkeitsdebatte seit mehr als 2000 Jahren, die sich in wichtigen Punkten von den westeuropäischen Traditionen unterscheidet.

Gerade wegen der Notwendigkeit, aus der Revolutionsdynamik zu stabileren und geordneten Verhältnissen zu gelangen, wird es zunehmend mehr Gesetze, mehr Rechtswege, mehr Verfassung und Verlässlichkeit geben. Die geistige Fundierung solcher Elemente ist in den bis zu 3000 Jahre zurück liegenden Debatten zu suchen, und diese Geschichte wird immer wieder Fundus dieser Kultur sein, auf den sich die gegenwärtige Politik stützen kann. Erinnert sei nur an den Film „Hero" von Zhang Yimou oder die Eröffnungsveranstaltung der Olympischen Spiele 2008 in Peking.[27]

Es gab immer die Einsicht in die Notwendigkeit eines überschaubaren Regelwerks, sei es einer Verfassung oder anderer Regeln. So hat für die grundlegenden Sätze des Chan-Buddhismus und über die Rolle und Funktion der „Öffentlichen Fallberichte" (*gong'an*) der in der Zeit der Mongolenherrschaft in China lebende Meister Zhongfeng Mingben (1263–1323) auf eine Anfrage, warum die Aufgezeichneten Lehren der Patriarchen „Öffentliche Fallberichte" hießen, folgendes geantwortet:

„Die ‚Öffentlichen Fallberichte' (*gong'an*) sind vergleichbar den Fallniederschriften in den öffentlichen Gerichten. Wenn das Gesetz Bestand hat, dann wird dem Herrscher bei seiner Regierung in der Steuerung von

---

27 Helwig Schmidt-Glintzer, Europa. Du hast es besser! Die Tradition der unvollständigen Legitimität, in: Festschrift für Karl Heinz Pohl, im Druck. Siehe auch Helwig Schmidt-Glintzer, Von den Hundert Schulen bis zum Projekt der Harmonischen Gesellschaft – Die jüngere Geschichte und der heutige Alltag, in: Insel-Almanach auf das Jahr 2009. Frankfurt/Main 2008, S. 247–265.

Unordnung Erfolg beschieden sein. *Gong*, „öffentlich", bezieht sich auf die von Heiligen und Weisen gleichermaßen eingeschlagene Spur und die oberste Grundsätze des von der ganzen Welt verfolgten Weges. *An*, „Fallberichte", bezieht sich auf die geprüften Texte mit der Aufzeichnung der von den Heiligen und Weisen verfolgten Grundsätze. In allen Reichen hat es nie an öffentlichen Gerichten gefehlt; und wo es solche Gerichte gab, hat es immer auch Niederschriften von Fallberichten gegeben, damit diese als Vorbilder für Recht genommen werden können und das Unrecht in der Welt gestoppt wird. Bei der Anwendung dieser „Öffentlichen Fallbeispiele" erfüllen Grundsätze und Gesetze ihre Funktion; wenn sie ihre Funktion erfüllen, wird das Reich geordnet sein, und wenn das Reich geordnet ist, dann ist auch die wahre Königsherrschaft geordnet."[28]

Solche Rhetorik, die in einer umfassenden Geschichte der Rechts- und Verfassungskultur Chinas zu behandeln wäre, hatte also in vielerlei Sphären, darunter auch im Bereich religiöser Überlieferungsvergewisserung ihren Niederschlag gefunden.

Die bereits mehrfach erwähnten Unruhen der Vergangenheit konnten sich auf derartige Rhetorik berufen und haben einerseits auch etwas damit zu tun, dass das Rechtssystem unvollständig ist, haben andererseits ihre Gründe auch in einer sich in einer Kollektivgesinnung ausdrückenden Überwachungskultur mit hoher Erregungsbereitschaft, die durch die neuen Kommunikationsmedien eine bisher nicht dagewesene Dimension erhält. So stehen inzwischen Polizei und Justiz allerorten unter Beobachtung, wenn milde Gerichtsurteile oder verschleppte Verfahren bei Parteifunktionären oder deren Angehörigen ruchbar werden. Manche Vorfälle werden so bekannt, dass sie zum Thema von Songs, Parodien oder anderen Kunstwerken werden. Dies war etwa der Fall bei jenem Trunkenheitsfahrer, Sohn eines Polizeichefs, der im Oktober 2010 zwei Studentinnen überfuhr und eine von ihnen dabei tötete. Als die Polizei ihn festnehmen wollte, habe er gerufen: „Wagt es nur! Mein Vater ist Li Gang!" Als er dann nur wegen Gefährdung des Straßenverkehrs

---

28 *Tianmu Zhong heshang guanglu*, in: *Song Qisha zangjing*, Heft 590, Seite 6b-8a; vgl. Isshū Miura, Ruth Fuller Sasaki, Zen Dust. The History of the Koan and Koan Study in Riinzai (Lin-chi) Zen. New York 1966, S. 4–7.

verurteilt wurde, kochte die Erregung im Netz.[29] Dieser und Tausende solcher Fälle zeigen, dass noch lange nicht der Zustand erreicht ist, wo den berechtigten Forderungen nach gleicher Behandlung vor Gericht entsprochen würde, ohne dass sich die Justiz auf Dauer dem Druck der medialen Öffentlichkeit unterwirft. Dabei spielen auch Spott und Ironie und oft eine geradezu bizarre Auslegungsfreude eine Rolle. So wurde der Fall des zum Tode verurteilten Yao Jiaxin (vollstreckt am 7. Juni 2011) weithin diskutiert. Und zwar stand einerseits zur Debatte, ob man das Leben dieses jungen begabten Künstlers nur deswegen beenden dürfe, weil er eine Frau überfahren hatte. Besonders pikant wurde der Fall dadurch, dass die Frau zunächst gar nicht tot war, sondern er nach dem Unfall den Tod mit acht Messerstichen erst herbeigeführt hatte. In der öffentlichen Kommentierung wurde solches Verhalten als rational und ganz verständlich bewertet, weil tatsächlich ein überlebendes Unfallopfer sehr viel höhere Kosten verursacht hätte als ein Unfalltoter. So wurden Bühnenauftritte des Musikstudenten über Youtube ins Netz gestellt und fanden mit solchen Kommentaren weite Verbreitung, wobei das Argument, einen möglichen zukünftigen Bühnenstar dürfe man doch nicht einfach opfern, als ätzende Kritik am Privilegiensystem aufgefasst werden konnte.

29 A cultural collision in China: Cars and booze, by William Wan, in: The Washington Post, 6. Juni 2011, S. A1 und A 11.

V Die Weltgesellschaft:
Zehn Gründe für Chinas Erfolg und die Differenzierung der Gesprächsebenen

Nachahmende Entwicklung

In zahlreichen Facetten wandeln sich die Gesellschaften der Länder, die lange Zeit noch als die Dritte Welt galten. Zu sehr auf sich selbst konzentriert, hat dabei Europa diese Länder und insbesondere Asien, freilich mit Ausnahme Japans, lange Zeit übersehen. Inzwischen scheint insbesondere China in vielerlei Hinsicht an die Spitze der Weltmächte zu drängen. Dieser Entwicklung haben sich die politischen Parteien im Westen bisher noch viel zu wenig gestellt. Das hat seine Gründe, denn die Länder Europas und der Westen haben bisher die Entwicklung in anderen Teilen der Welt als nachholende Entwicklung verstanden und an ihren eigenen Standards gemessen. Dabei haben sie im Hinblick auf China zweierlei übersehen, dass es einerseits der Erfolg des Westens war, dem China seit mehr als einhundert Jahren nacheifert, dass es aber andererseits immer deutlicher wird, dass China nicht zu einem zweiten Europa werden kann. Die Anerkennung dieser Ausgangslage ist eine Voraussetzung für eine strategische Position gegenüber China, die den Interessen der Menschen in China wie in Europa gerecht werden will. Es ist auch Absicht der hier vorgelegten Gedanken, eine solche Position zu formulieren, welche den gegenwärtigen Entwicklungsstand Chinas zur Kenntnis nimmt, ohne humanistische Grundüberzeugungen westlicher Prägung hintanzustellen.

Es geht also nicht um einen Sonderweg, sondern um eine im Kreise der westlichen Demokratien vermittelbare und zugleich auf die Gestaltung einer deutschen und europäischen Außenpolitik gerichtete Haltung. Im Wissen um die Eigengesetzlichkeit historischer Entwicklungen und auf der Grundlage der eigenen historischen Erfahrungen und der darin gewonnenen Überzeugungen müssen sich Europa und die dieses konstituierenden Nationalstaaten in seinen bzw. ihren Beziehungen zu anderen Ländern und Kulturen nach innen und außen für Freiheit, Gerechtigkeit und Wohlstand einsetzen. Als Land im Herzen Europas sieht sich gerade Deutschland eingebunden in eine europäische Friedensordnung, die es weiter zu entwickeln gilt.

Das Erbe der europäischen Geschichte verbindet andererseits die Europäer spätestens seit der Zeit der Entdeckungen vor mehr als fünfhundert Jahren in vielfältiger Weise mit allen Erdteilen. Dabei spielte China seit dem Ausgang des Mittelalters für Europa eine besondere Rolle. Auch wenn die Beziehungen Westeuropas zu den Vereinigten Staaten von Amerika als dem starken Partner bei der Entwicklung von Demokratie und individuellen Freiheitsrechten intensiv bleiben werden, muss im Rahmen der weltweiten Vernetzung und im Bewusstsein der globalen Verantwortung ein handlungsfähiges Europa angestrebt werden, das in friedlicher Weise mit anderen Regionen und Völkern und im Bewusstsein der Verantwortung gegenüber nachwachsenden Generationen den Wohlstand zu mehren und den Frieden zu sichern sucht. Seit sich China zunehmend international engagiert und Verantwortung übernimmt, muss die deutsche und die europäische Politik verstärkt die Gesprächsmöglichkeiten mit China als dem größten Land in Ostasien suchen.

Im Hinblick auf den Dialog mit China kann man sich an der *Europäischen Idee* orientieren, wie sie zum Beispiel einmal im Deutschen Bundestag mit folgenden Worten charakterisiert wurde: Sie stellt das

- Gemeinwohl über wirtschaftliche Einzelinteressen,
- die kulturelle Vielfalt über Anpassung,

- Lebensqualität über die Anhäufung von Reichtum, nachhaltige Entwicklung über die rücksichtslose Ausbeutung von Mensch und Natur,
- universelle Menschenrechte und Demokratie über das Recht des Stärkeren und
- Zusammenarbeit über einseitige Machtausübung.[1]

Unter Berücksichtigung solcher darin zum Ausdruck kommender eigener Interessen und Werte sollten die Regierungen ebenso wie die Parteien und andere Gruppen unter den bestehenden Partnerschaften auch diejenigen zu den Ländern und Völkern Asiens, und darunter eben auch zu China weiter entwickeln. Die rasante Entwicklung der Gesellschaften in Ostasien und die Zunahme selbständiger Staaten in Zentralasien stellt für die Internationale Gemeinschaft eine Herausforderung dar und bietet große Chancen der Zusammenarbeit. Diese neuen Handlungsfelder haben bereits auf allen Seiten und nicht zuletzt in China selbst zu einer Fortentwicklung der Außenpolitik geführt, die Europa nach seinen eigenen Interessen ebenso wie nach seinen Grundüberzeugungen gestalten sollte.

Daher, und nicht nur weil China seit einigen Jahrzehnten wirtschaftlich und politisch zunehmend eine international maßgebliche Rolle spielt, muss sich Europa auf die neue Lage einstellen. Das positive Bild, das sich Europa seit den Entdeckungsreisen im 15. und 16. Jahrhundert von China gemacht hatte, hatte sich im 19. Jahrhundert durch den Zusammenbruch des Mandschu-Reiches, aber auch durch europäische Überheblichkeit ins Gegenteil verkehrt. Der rasche wirtschaftliche Aufstieg und die gesellschaftlichen Veränderungen in China in den letzten Jahrzehnten erfordern nun eine neues Verständnis von China und neue Formen des Umgangs miteinander. Dies ist auch deswegen wichtig, weil China, das in der Vergangenheit die Kulturwelt Ostasiens wesentlich geprägt hat, dort auch in Zukunft eine prägende Rolle spielen wird.

Das erfreuliche dynamische Wachstum Chinas hat bereits neue Formen internationaler Zusammenarbeit zur Folge. Dabei ist es zu neuen Asymmetrien in verschiedensten Bereichen, darunter der Qualitätssicherung und des Ressourcenverbrauchs gekommen. Wir müssen daher ein Interesse daran haben, dass Prozesse der Zertifizierung, Regelungen des

---

1 Rede des Vorsitzenden der SPD, Sigmar Gabriel, am 7. Mai 2010.

Marktzugangs und nicht zuletzt der Umgang mit geistigem Eigentum zwischen China und dem Westen im beiderseitigen Interesse und zur beiderseitigen Zufriedenheit gelingen. Während jedoch allein schon die übrigen Handelspartner Chinas die Einlösung solcher Forderungen erwirken werden, muss innerhalb Europas eine Harmonisierung im Umgang mit China als der wichtigsten Volkswirtschaft durch die Europäer selbst angestrebt und durchgesetzt werden.

China, das sich in die Weltgesellschaft einzugliedern begonnen hat, bringt seine Erfahrungen von Zerfall und politischer Zersplitterung in das Ringen der Völker und Staaten um die Gestaltung einer menschenfreundlichen Zukunft ein. Die Bemühungen um Prosperität und eine harmonische Entwicklung bei der Bildung eines sozial und ökologisch vertretbaren Wohlstandes für alle stellen China ebenso wie alle anderen Gesellschaften im 21. Jahrhundert vor neue Herausforderungen, zu deren Bewältigung eine internationale Verständigung unerlässlich ist. Allein deswegen muss Europa mit China einen engeren Austausch anstreben, um eine Verständigung über jene die gesamte Weltgesellschaft betreffenden Themen gerade auch mit jenem Land und jener Kultur zu führen, auf die Europa seit Matteo Ricci und Gottfried Wilhelm Leibniz geblickt hat. Dabei wird deutlich, dass die Vorstellung früherer Generationen von einem isolierten China den historischen Verläufen nicht entspricht. China war in seiner überschaubaren Geschichte immer schon in vielfältiger Weise weiträumig vernetzt; von dort sind Ideen und Waren in weit entfernte Länder ebenso gelangt, wie von dort Kenntnisse und Güter in China Aufnahme fanden.

An diese auch für China gültige lange Geschichte internationaler Austauschbeziehungen auf kulturellem und geistigem ebenso wie auf wirtschaftlichem und technischem Gebiet gilt es anzuknüpfen. Dabei geht es auch um die Identifizierung von Gemeinsamkeiten und Unterschieden bei der Suche nach den besten gesellschaftlichen und staatlichen Strukturen und Ordnungen.

Außenpolitische Rolle Chinas im 21. Jahrhundert

China wird in Zukunft nicht nur die bestimmende Macht in Ostasien sein, sondern ein wichtiger Partner für Europa und die EU ebenso wie für die USA, Russland und die Länder Afrikas und Südamerikas. Es wird in den Internationalen Institutionen einen wachsenden Einfluss ausüben und zunehmend Verantwortung übernehmen. Dabei wird China seine eigenen Weltbilder und Ordnungsvorstellungen zur Diskussion stellen. Die im Jahre 2001 in Leben gerufene und lange Zeit als nicht besonders wirkmächtige Shanghai Organisation für Zusammenarbeit (SOZ) beginnt nach zehnjährigem Bestehen gerade für den Entwicklungsprozess in Zentralasien eine eigene Dynamik zu entfalten. Am 15. Juni 2011 feierten die Mitglieds- und Beobachterstaaten (Mitglieder: China. Kasachstan, Kirgisistan, Russland, Tadschikistan, Usbekistan; Beobachter: Indien, Iran, Pakistan, Mongolei) in Astana, Kasachstan, das zehnjährige Bestehen der Organisation. Drei der Beobachter, Indien, Iran und Pakistan, haben inzwischen Vollmitgliedschaft beantragt, und über die Mitwirkung Afghanistans und der Türkei wird verhandelt. Damit tritt eine Organisation für den Raum Eurasiens auf den Plan, für den die EU bisher kein Konzept hat. Angesichts der ambivalenten europäischen Haltung gegenüber einer EU-Vollmitgliedschaft der sich wirtschaftlich und politisch rasch entwickelnden Türkei ist diese Tendenz für Europa bedenklich. Schritt für Schritt scheint mit der wachsenden Distanz der Türkei zu Europa der Einfluss Europas in den Mittelmeerraum und in den Nahen Osten zu schwinden. Eine andere Sphäre der Ausdehnung von Macht und Einfluss ist der südostasiatische Raum, in dem es neben einigen Konflikten, etwa mit Vietnam und anderen Anrainern über Inseln im Südchinesischen Meer und die Nutzung von Gebieten des Festlandssockels, Ansätze zu verstärkter Kooperation gibt. Ob man diese Interessenswahrung Pekings gleich als „außenpolitischen Vormarsch" sehen muss, lässt sich bezweifeln. Da man aber davon ausgehen kann, dass sich die politischen Verhältnisse Chinas weiter verändern werden, ist es trotz aller offensichtlicher Probleme bezüglich Machtausübung, Machtverteilung und Machtwechsel nicht adäquat, von einem „diktatorischen Charakter von Pekings Führung" zu sprechen. Wenn sich ein Kommentator zu der Warnung veranlasst sieht: „Für die freie Welt ist der Aufschwung einer Diktatur immer eine Bedrohung,"[2] übersieht er

---

2 Beat U. Wiesner, China drängt zu den Weltmeeren, in: Neue Zürcher Zeitung Nr. 140 (18./19. Juni 2011), S. 1.

die inneren Fraktionierungen und die Fortschritte auf zahlreichen Ebenen und in vielen Bereichen, wie etwa im Justizwesen. Gerade im Falle Chinas kann man von Fortschritt sprechen, und Aufschwung und Prosperität dort sind auch im Interesse Europas, oder könnten es sein, wenn dies seine Chancen ergreift.

Wenn sich Europa an der Neuformierung der internationalen Beziehungen und an der Gewinnung neuer Handlungskonzepte im Interesse der Friedenssicherung und des weltweiten Wohlstands aktiv beteiligen will, müsste es etwa eine Beobachterrolle in der SOZ anstreben und vor allem das Gespräch mit China suchen und sich dabei auch mit der Tiefenstruktur der kulturellen Vielfalt und der Komplexität der Gegenwart vertraut machen. Es sollte dabei die Erfahrungen Chinas respektieren und zugleich überzeugt von dem Gewicht der europäischen Erfahrungen bleiben; erst eine Verständigung über die auf der Grundlage der jeweiligen eigenen Geschichte gewonnenen Zukunftsentwürfe und Ordnungsvorstellungen wird die Basis für eine auf beiden Seiten der Landmasse Eurasiens friedliche Weltordnung bilden können. Dazu könnte eine Vergegenwärtigung zivilisatorischer Traditionen und historischer Reichsbildungsmodelle hilfreich sein.[3]

Zu den europäischen Grundüberzeugungen gehört, trotz anders ausgerichteten Verhaltens in früheren Jahrhunderten, die Anerkennung des berechtigten Anspruchs aller Menschen auf Teilhabe an den Gütern dieser Erde. Daher gilt es, als Voraussetzung hierfür eine internationale Friedensordnung anzustreben. Dazu gehört ein zügiger Abbau aller Atom- und Massenvernichtungswaffen, aber auch die Überwindung sozialer Ungerechtigkeiten als ein vorrangiges Ziel. Dazu gehört ferner eine internationale Verständigung über die Zivilisierung von Kriegen und den Abbau von Feindbildern. Im Sinne einer Politik der Deeskalation gilt es, jede Dämonisierung einzelner Völker, Staaten, Kulturen und Religionen zu vermeiden. Statt dessen sollte eine auf Verträgen basierende Partnerschaft zwischen den Staaten zur Erhöhung der Sicherheit und zur Förderung der Zusammenarbeit angestrebt werden.

---

3 Siehe Achim Mittag und Fritz-Heiner Mutschler, Empire and Humankind: Historical Universalism in Ancient China and Rome, in: Journal of Chinese Philosophy 37 (2010), S. 527–555.

In Anerkennung unterschiedlicher Entwicklungswege in den verschiedenen Teilen der Welt muss also das konstruktive Gespräch auch über Europa hinaus mit allen an Freiheit und Gerechtigkeit orientierten fortschrittlichen Kräften gesucht werden. Gerade aus dem Wissen um die Besonderheit der Entwicklung der westlichen Kultur sollen die Schattenseiten der europäischen Expansion der letzten Jahrhunderte nicht vergessen werden. Die in der Epoche der Aufklärung gewonnene und im vergangenen Jahrhundert von der Familie der Völker bekräftigte Überzeugung von der Existenz universaler Menschenrechte und der Wille zu ihrer Verwirklichung müssen weiterhin auf der Tagesordnung bleiben, wohl wissend, dass die Realisierung nur schrittweise gelingen kann und immer wieder gefährdet ist.

Angesichts der Bedeutung der eigenen geschichtlichen Erfahrungen der Völker gilt es heute, deren Anspruch auf Selbstbestimmung und Selbstdeutung ihrer Geschichte mit der Tatsache zu verbinden, dass die verschiedenen Vergangenheiten inzwischen zu einer Vorgeschichte der Menschheit geworden sind, die nur dann eine Zukunft hat, wenn sie diese gemeinsam zu verstehen sucht. Im Rahmen einer europäischen Außenpolitik ist daher die Verschiedenheit der Kulturen, Religionen und Wertorientierungen und deren Vielfalt zu begrüßen. Auch die jeweils eigenen geschichtlich begründeten Werte sind zu bejahen, und es ist verständlich, dass die jeweils besonderen Gruppen nach deren Verwirklichung unter sich wandelnden Bedingungen streben. Dabei besteht inzwischen wohl international Konsens in der Frage des Nutzens und der Notwendigkeit einer Begrenzung aller Gewalten, insbesondere bezogen auf die Wahrung bzw. Durchsetzung der Rechte des Einzelnen gegenüber staatlicher und wirtschaftlicher Willkür.

Aus der Einsicht in die Rolle Europas bei den Modernisierungsprozessen ist der Westen stolz auf die weltweite Wertschätzung der europäischen Kulturtraditionen und bleibt davon überzeugt, dass diese im Dialog mit anderen Kulturen weiter entwickelt werden müssen. In den Völker verbindenden Netzwerken sollte Europa für eine breite Partizipation eintreten. Hierdurch könnten demokratische Strukturen auch auf transnationaler Ebene gestärkt werden. Kultureller, wissenschaftlicher und künstlerischer Austausch soll Vertrauen begründen und zu einer friedlichen Welt beitragen. Daher vor allem gilt es, die Verständigung der

Jugend zu fördern und insbesondere im Bildungswesen den internationalen Austausch weiter voranzutreiben, ohne das Bestreben aller Nationen, die Interessen ihrer Völker zu verfolgen, in Frage zu stellen.

Die eigenen Interessen und die Interessen der anderen

Besondere Aufmerksamkeit erregte insbesondere in den letzten Jahren Chinas Rohstoffsicherungspolitik mit ihren Nebenerscheinungen bis hin zu den erwähnten Protesten mongolischer Hirten gegen die Erschließung neuer Kohlelagerstätten in ihren Weidegebieten. Auch Europa wird in Abstimmung mit seinen Bündnispartnern mit besonderem Akzent eine eigene aktive Industrie- und Rohstoffsicherungspolitik verfolgen müssen. Zugleich werden alle Seiten darauf hinarbeiten, dass die Verfolgung eigener Interessen nicht auf Kosten der Wohlfahrt der Menschen in anderen Teilen der Erde geschieht.

Nur ist es noch ein langer Weg bis zur wirklichen Anerkennung des legitimen Anspruchs anderer Völker auf Wohlstand und Entwicklung und bis alle Beteiligten bei allem internationalen Wettbewerb keinen Gegensatz zwischen den eigenen Wohlstandsinteressen und den Wohlstandsinteressen anderer Länder und Völker sehen. Die europäischen Erfahrungen mit Demokratie und Meinungsfreiheit und mit Wertkonflikten werden auch die Gespräche mit anderen Partnern prägen. Dazu gehören aber auch Fragen des Arbeitsschutzes und der Arbeitsplatzsicherheit. Kinderarbeit und Ausbeutung generell sowie dem Raubbau an den Ökosystemen müssen alle Beteiligten aktiv entgegen treten. Am besten gelingt dies im Rahmen einer multilateralen Vernetzung, die am sinnvollsten durch sowohl regionale als auch globale Foren für Sicherheit, Zusammenarbeit und Nachhaltigkeit organisiert wird. Ob es dabei gelingt, die Bildung supranationaler, die einzelstaatlichen Souveränitäten begrenzender Strukturen zu erreichen, und ob mit der Europäischen Union ein Modell kooperativer und Souveränitätsansprüche einzelner Staaten überwindender Kooperation wirksam werden kann, bleibt abzuwarten.

Im Interesse eines friedlichen Zusammenlebens der Völker sind gegenseitige Kenntnis und Respekt erforderlich; daraus bestimmt sich die Art einer *Auswärtigen Kulturpolitik*. Es geht dabei um die umfassende Kenntnis anderer Kulturen und einen umfassenden Dialog mit den Vertretern anderer Länder und Völker. Am Beispiel des Engagements deutscher Truppen außerhalb Europas im ersten Jahrzehnt des 21. Jahrhunderts ist deutlich geworden, dass ein Engagement „out of area" stets im Lichte der geostrategischen Interessenlage auch der Nachbarländer und im Hinblick auf eine friedliche wirtschaftliche und gesellschaftliche Entwicklung gerade auch der Zielländer immer wieder neu überdacht werden muss. Es ist offenkundig geworden, dass eine solche Analyse und möglicherweise Neubewertung der Lage immer wieder dringend erforderlich ist. Insbesondere muss ein solches Engagement in eine erweiterte Bemühung um ein vertieftes Verständnis des jeweiligen Landes und seiner Bevölkerung und in aktive zivilgesellschaftliche Partnerschaften eingebettet sein.

Zehn Gründe für Chinas Erfolg

Aus europäischer Sicht muss bei der Zusammenarbeit mit China eine Ausgangslage berücksichtigt werden, die sich unter zehn Gesichtspunkten beschreiben lässt, die zugleich zehn Gründe für Chinas Erfolg darstellen. Seit sich die Kommunistische Partei Chinas durchgesetzt hat, ist die Wirtschaftsentwicklung durch langfristige Planungen gekennzeichnet. Trotz der bekannten Fehlentscheidungen und Katastrophen insbesondere in den 50er Jahren hat sich dieses an langfristigen Konzepten orientierte Fünf-Jahresplan-Modell bewährt. (1) Dies gilt für die Währungsbewirtschaftung und das Bankenwesen bis hin zur Öffnung der Wirtschaft und der Einführung weitgehend marktwirtschaftlicher Elemente. Nach dieser allgemeinen Feststellung ist ein weiterer Pluspunkt (2) die im gegenwärtigen zwölften Fünf-Jahresplan verfolgte Hinwendung von einer Produktions- und Exportorientierung zur Stärkung der Binnennachfrage, um Elemente einer Konsumgesellschaft zu etablieren. Daneben richtet (3) die politische Führung ihr Augenmerk verstärkt auf alle Anzeichen von Unruhe und Konflikten, und zwar nicht nur im Bereich der sozialen und der politischen Konfliktzonen, sondern auch im Finanzwesen. Hierzu gehören Maßnahmen gegen inflationäre Tendenzen, Marktüberhitzungen und Kreditkrisen. Insgesamt hat sich China auch in dieser Hinsicht in den letzten dreißig Jahren als extrem beweglich und lernfähig erwiesen. Die Sparrate von über fünfzig Prozent hat (4) China die internationale Finanzkrise leichter überstehen lassen, so dass es schließlich zur treibenden Kraft für viele andere Volkswirtschaften wurde und auf diese Weise die Folgen der Finanzkrise global in erheblichem Maße abgemildert hat. Die Bevölkerungsverschiebungen und den Wanderungsdruck hat China im Vergleich zu anderen Gesellschaften erheblich geschickter aufgefangen (5). Zwar ist der Urbanisierungsdruck enorm, und in den vergangenen dreißig Jahren wuchs der Anteil der Stadtbevölkerung von zwanzig Prozent auf nahezu fünfzig Prozent; bis 2030 werden weitere ca. 320 Millionen Chinesen in die Ballungszentren abwandern. Während einerseits die administrativen Hürden gelockert werden, wie das die Mobilität einschränkende *hukou*-System, entstehen durch die Wanderungsbewegungen neue Marktimpulse. Obwohl (6) der Privatkonsum bisher nur 37 Prozent des BIP beträgt, könnte durch Lohnsteigerungen, mehr Arbeitsplätze und das soziale Sicherungssystem eine Zunahme des Anteils um etwa fünf Prozent bis 2015 erfolgen. Auch der Anteil der Dienstleistungen (7) am BIP ist im internationalen Vergleich noch relativ niedrig (43 Prozent) und enthält noch erhebliches Wachstumspotential. Dadurch können weitere Arbeitsplätze gesichert und Ressourcen geschont werden. Hinzu kommt (8) die ungebrochene Investionsbereitschaft ausländischer Unternehmen in den Zukunftsmarkt China und Ostasien, was zu erheblichem Technologietransfer und damit zu beschleunigter Modernisierung in vielen Bereichen der Industrie und der Dienstleistungen führt. Nicht zuletzt ist die Optimierung der Humanressourcen (9) zu nennen. Die Zahl der Fachkräfte und Wissenschaftler mit hoher Schul- und mit Universitätsbildung ist international beachtlich, und angesichts der allgemein in den letzten Jahrzehnten durchgesetzten grundständigen Schulbildung für praktisch alle Bevölkerungsgruppen hat China ein sehr großes qualifiziertes Arbeitskräftepotential und einen im internationalen Vergleich geringen Anteil an Analphabeten und jungen Menschen ohne abgeschlossene Schulbildung. Schließlich (10) kann von einer weiter wachsenden Innovationskraft ausgegangen werden, darunter in der Energiewirtschaft und in den jungen Feldern der Informationstechnologie, Biotechnologie, der neuen Werkstoffe und der umweltschonenden Verkehrstechnologie. Auch wenn in den Augen westlicher Beobachter China in vielfacher Hinsicht noch rückständig ist, so kann man doch davon ausgehen, dass angesichts der raschen Lernfähigkeit China die Herausforderungen aufnehmen,

Widersprüche und Konflikte überwinden und schließlich global erfolgreich sein wird.

Das Tempo dieser Entwicklungen wird am Goldhandel deutlich. Noch zu Beginn dieses Jahrhunderts war es Chinesen verboten, Geld in Edelmetallen anzulegen. Inzwischen gibt es international handelbare Edelmetallfonds auch in China, so dass jedermann in Silber, Platin, Palladium und Gold zu investieren vermag. Zwar liegt der Gesamtanteil des Edelmetalls an den Währungsreserven noch immer lediglich bei 1,6 Prozent, doch werden die international verfügbaren Goldreserven zusätzlich zu den in China in einheimischen Bergwerken jährlich etwa geförderten 350 Tonnen allmählich zugunsten Chinas umverteilt, und so ist es nur noch eine Frage der Zeit, dass aus dem größten Dollar-Gläubiger der Welt auch bald ein Gold-Riese wird.[4] Bezogen auf die Rohstoffmärkte ist es wahrscheinlich, dass China nicht nur auf Gold, sondern auf eine Diversifizierung im Zugang zu Rohstoffen setzen wird. Während China also wirtschaftlich erstarkt, wachsen gleichwohl im Inneren Spannungen. Mit zunehmender Einbindung Chinas in die Weltgesellschaft zeigt sich die chinesische Elite jedoch offener für die Frage, ob der eingeschlagene Modernisierungspfad zielführend sei oder ob nicht doch die Verwirklichung von Demokratie und bürgerlicher Freiheit und zumindest eine Alternative zum Alleingeltungsanspruch der Kommunistischen Partei Chinas die Voraussetzung für eine Moderne böte, die diesen Namen verdient, was die Partei bisher und aus oben genannten Gründen naturgemäß abzuwehren versucht.[5]

Aufklärung, Chinoiserie und der Aufbruch in eine neue Moderne

Seit sich der Hallenser Philosoph Christian Wolff in seiner Rektoratsrede „Über die praktische Philosophie der Chinesen" von 1721 auf Konfuzius und dessen Rede vom vernunftgemäßen Handeln bezogen hatte, glaubten manche Chinesen, die europäische Aufklärung sei aus China gekommen. Johann Wolfgang von Goethe hat dies ähnlich gesehen, wenn er

---

4 Simone Boehringer, Heimlicher Gold-Riese, in: Süddeutsche Zeitung Nr. 131 (8. Juni 2011), S. 23.

5 Siehe Bernhard Bartsch, Chinas Kommunisten fühlen sich bedroht, in: NZZ am Sonntag (3. Juli 2011), S. 6.

seinem Freund Schiller gegenüber unter Hinweis auf einen Bericht aus dem Jahre 1670 einen Konfuzianer im Gegensatz zu dem unaufgeklärt bibeltreuen Jesuiten als „scharfsinnig" bezeichnet. Heute ist es umgekehrt. Die Überzeugung ist verbreitet, die Aufklärung und die Verwirklichung von Freiheit seien das wichtigste Exportgut Europas. Tatsächlich musste China bereits im 17. Jahrhundert die Überlegenheit der von Jesuiten gelehrten europäischen Astronomie und Wissenschaft eingestehen. Und noch als Porzellan und Dekor aus China die europäischen Fürstenhöfe schmückte und Denker wie Wolff die Aufgeklärtheit chinesischer Herrscher besangen, hatte sich längst der unaufhaltsame Zusammenbruch der zunächst noch lernfähigen mandschurischen Dynastie in China angekündigt.

Die Anfänge der Sinologie, der akademischen Beschäftigung mit China in Europa – übrigens auch die ersten chinesischen Büchersammlungen an europäischen Fürstenhöfen – finden sich in jener Zeit und sind Teil desjenigen geistigen Aufbruchs, den wir mit dem Begriff der europäischen Aufklärung verbinden und bei dem in bewundernder ebenso wie in kritischer Haltung immer auch China reflektiert wurde. Bis heute stehen die Chinawissenschaften in dieser Tradition und müssen sich dabei ebenso gegen die Idealisierung Chinas wie gegen europäische Überheblichkeit behaupten. Insofern ist die Sinologie die methodische Bemühung um ein Verständnis Chinas jenseits aller Chinoiserien. Das schmälert nicht die Bewunderung für den kulturellen Reichtum und die Vielfalt, wie sie sich in besonderem Maße in Literatur und Kunst und im Musiktheater äußert; und doch stören sich manche naive Bewunderer an den Einsichten der Sinologen, die in reflektierter Weise auf Differentialdiagnosen zielen, worauf ja ihre Professionalität und ihre Kompetenz beruht. Solche differentielle Kulturwissenschaft hat in Deutschland eine lange Tradition und sieht etwa in Max Weber einen ihrer frühen Vertreter. Auch wenn sie es bis heute schwer hat, bei der Kommentierung der aktuellen Politik Aufmerksamkeit zu finden, so ist sie doch unerlässlich zur Deutung von Entwicklungsdynamiken und Veränderungen, weil sie sowohl Tatsachen und Ereignisse als auch das Selbstverständnis und die Selbstauslegung der Handelnden berücksichtigt.

Seit China sich im späten 19. Jahrhundert selbst eine Erneuerung verordnete, hat es sich, wie wir sahen, von der eigenen Geschichte abgewandt und weitgehend die europäischen, im weiteren Sinne die westlichen Traditionen zu beerben versucht. „Mr. Science and Mr. Democracy" war der Schlachtruf der 4.-Mai-Bewegung 1919. Diese das ganze Land erfassende politische Mobilisierung konnte sich auf eine alte Tradition von Protestbewegungen und Aufständen berufen, die eine bereits in den Anfängen von Staatlichkeit und Verwaltung verankerte Ambivalenz in der Anerkennung von Herrschaft und eine Tradition unabhängiger Kritik an den Regierenden fortsetzte. Der für den Kaiser verwendete Begriff des „Himmelssohnes" bezog sich auf seine Abhängigkeit von den Kräften der kosmischen Ordnung, mit deren Störung er selbst und sein Haus in Frage gestellt wurde. Denn Herrschaft sieht sich, wie oben bereits festgestellt wurde, seit jeher einer fundamentalen Skepsis und einer grundsätzlich ambivalenten Haltung gegenüber. Diese Ambivalenz hatte in der Vergangenheit auch zur Stabilisierung der Herrschaftsverhältnisse beigetragen, und sie verschwand auch nicht, als man sich von der alten Zeit abwandte und mit der Ausrufung der Republik zum Jahresbeginn 1912 einer neuen Eindeutigkeit verschrieb. Zu den neuen Zielen gehörte die Behauptung gegen äußere Mächte und eine umfassende Modernisierung, an deren Ende die Durchsetzung der Freiheits- und Bürgerrechte stehen sollte. Unklar blieb, ob sich dieses Programm innerhalb jener Grenzen Chinas durchsetzen ließe, die durch die expansive Mandschu-Herrschaft festgelegt worden waren. Diese Unsicherheit zeigte sich darin, dass bei der Neuordnung nach der Machtergreifung durch die KP Chinas 1949 der Einzelne nicht als Teil einer ganzen Nation und einer einigenden Idee, sondern vor allem zunächst als Mitglied einer ethnischen Gruppe definiert wurde: China ein Vielvölkerstaat.[6] Die Begründung hierfür lieferte Zhou Enlai, der unter Hinweis auf die imperialistischen Mächte und deren Absicht, Territorien von China abzutrennen, keine Föderation, sondern die Verfassung einer Volksrepublik anstrebte.[7] Diese Entscheidung der KPCh, China als „geeinten Vielvölkerstaat" (*tongyi de duo minzu guojia*) zu bestimmen, ist inzwischen mehr eine Bürde als ein Segen. Insbesondere seit in

6   Siehe Justin Jacobs, The Many Deaths of a Kazak Unaligned: Osman Batur, Chinese Decolonization, and the Nationalization of a Nomad, in: The American Historical Review 115, Nr. 5 (December 2010), S. 1291–1314, hier S. 1300.

7   Zitiert nach Justin Jacobs, op.cit., S. 1300.

den Zeiten der elektronischen Massenkommunikation die Partei nicht mehr wie bisher die Deutungshoheit durchsetzen kann, ist ihr auch die Definition dessen, was als „Chinesisch" zu bezeichnen sei, entzogen.[8] Es sind nur die Außengrenzen, die sakrosankt sind, doch im Inneren haben sich vielfältige Bruchstellen aufgetan. Die wirtschaftlichen Fortschritte haben zwar viel zur Befriedung und zur Entpolitisierung großer Teile der Bevölkerung beigetragen, doch haben sie zugleich zu einem Wohlstandsgefälle geführt, welches in Verbindung mit ethnischen Differenzen bereits in den letzten Jahren zu erheblichen Spannungen bis hin zu gewalttätigen Auseinandersetzungen, etwa in Tibet und in Xinjiang, geführt hat.[9]

So blieben seither viele Widersprüche unaufgelöst, für deren Aushandlung vielleicht eher ein Mehrparteiensystem sinnvoll oder doch praktikabel wäre, um eine wirkliche Perspektive für eine Moderne zu eröffnen, deren Sprengkraft aber zugleich die Angst vor einem staatlichen Zerfall schürt. Daher bangt derzeit die einzige einigende Kraft, die Kommunistische Partei, um ihre eigene Legitimation. Statt diese darin zu suchen, den Streit der Ideen und der Interessen zu perpetuieren und an den innerhalb ihrer eigenen Reihen erörterten Kontroversen die ganze Bevölkerung zu beteiligen, glaubt sie warten zu müssen, bis der Wohlstand gesichert und das Volk zur Einigkeit bereit ist. Darin folgt sie wohl ebenso wie Politiker in aller Welt der Feststellung Immanuel Kants: „Das Volk will *geleitet* sein", der mit dem Satz weniger die Freiheit als die Lebensqualität als oberstes Ziel der Menschen erkannt hatte. Dass Chinas Volk für eine allgemeine, freie Wahl eines Regierungschefs noch nicht reif ist, davon ist die Mehrheit der Mittelklasse (mehr als 300 Millionen) überzeugt; doch an der Unumstößlichkeit dieser Überzeugung wachsen zugleich die Zweifel in der Bevölkerung, vor allem aber in Partei und Regierung selbst.

---

8 James Leibold, The Beijing Olympics and China's Conflicted National Form, in: The China Journal, No. 63 (Januar 2010), S.1–24, hier S. 24.
9 Siehe zum Beispiel Pamela Kyle Crossley, The Wobbling Pivot. China since 1800. Chichester 2010.

Der Zwang zur Alternative und das „Schweigen" der Chinakenner

Welches ist nun angesichts unterschiedlicher Traditionsbestände und Lebensverhältnisse in Ost und West der Ausweg für China – und welche Haltung ist für den Außenstehenden angemessen? Diese Frage kennzeichnet angesichts der Unvorgreiflichkeit der Zukunft die Differenz zwischen der Haltung der Sinologen einerseits und der Chinakritiker andererseits, weil die „China-Kenner" noch nicht wissen, wohin die Reise der Geschichte geht, während die Pastoren des Feuilletons glauben, Europa zur Blaupause für China machen zu sollen. Just an dieser Stelle beginnt die Unübersichtlichkeit. Die darin begründete Ambivalenz Chinas ebenso wie einiger aufgeklärter Weltbürger gegenüber der kritiklosen Befolgung westlicher Modernisierung hatte nach dem Ersten Weltkrieg bereits Bertrand Russell in denkwürdiger Weise formuliert, der in einem „Neuen China" die Verwirklichung aller bisher enttäuschten Hoffnungen der westlichen Zivilisationen erwartete. Ihm standen aus der Zeit des Ersten Weltkriegs die Rivalitäten der europäischen Mächte und Japans im Hinblick auf China vor Augen und das unsichere Handeln Amerikas, auch wenn dies „schon immer Chinas bester Freund" gewesen sei. Vor dem Hintergrund der innerchinesischen Reformbemühungen sei es, so Russell 1922, möglich, „dass sich aus dem Renaissancegeist heraus, der jetzt in China existiert, eine neue Zivilisation entwickelt, die besser ist als irgend eine, die die Welt je gekannt hat." Die Enttäuschung dieser hochgespannten Erwartung bekommen seither die China-Kenner immer wieder zu spüren.

Wenn es derzeit Tag für Tag nicht nur Dutzende von Unruhen und Aufständen in China gibt und deswegen Partei und Regierung seit dem Frühjahr 2011 gehäuft Regimekritiker festnehmen oder auf verschiedene Weise drangsalieren und ihrer Freiheit berauben, zeigt dies, in welcher Unsicherheit sich die Partei befindet. Diese Panik ist nicht nur ein Signal nach Innen als Ausdruck parteiinterner Fraktionskämpfe. Wenn selbst Parteikader und Funktionäre eigene Blogs lancieren und sich nationale wie internationale Netzwerke bilden – bei mehr als 450 Millionen Internetnutzern im Jahre 2011 allein in China! – , dann versteht man, dass sich die KP von vielen Seiten umstellt sieht. Nicht die Regierung, sondern der engagierte Leiter des Gesundheitsamtes einer Provinz belehrt in seinem Blog über die Sinnlosigkeit, alles Speisesalz aus den Regalen zu kaufen, um nach der Katastrophe von Fukushima im März 2011 einer Verstrahlung vorzubeugen. China ist ein Land von extremer Hysteriebereitschaft – und deswegen unbeherrschbar, oder nur mit drakonischen Maßnahmen im Zaum zu halten?

Diese Frage hätte sich vielleicht besser noch in dem Historischen Museum Pekings erörtern lassen, bevor es von dem Hamburger Architekturbüro Gerkan umgebaut wurde, um dann mit einer Ausstellung unter dem Titel „Die Kunst der Aufklärung" mit Werken aus drei großen deutschen Museen ein Jahr lang als Ort eines deutschen Kulturmissionsereignisses zu fungieren. Die Ausstellung schmückte nun das von der Erinnerung an die Revolution weitgehend gereinigte Historische Museum Chinas und stellte sich in den Kontext einer neu erzählten Nationalgeschichte, von der nicht nur die Sinologen wissen, dass sie eine Konstruktion ist. China hatte es etwa im 12. und 13. Jahrhundert als staatliche Einheit nicht gegeben, während man heute das China der Mandschu-Herrschaft als das ewige China in die Vergangenheit projiziert. Da man nach dem Ende der Kulturrevolution und seit der Propagierung eines *New Enlightenment* in China unter „Aufklärung" liberale Marktwirtschaft und die Überwindung des Sozialismus versteht, passt sich die Pekinger Ausstellung in ein Legitimationskonstrukt der neuen Zeit, in der Harmonie gepredigt, aber – auch wegen des Interesses an billigen Schnäppchen in den westlichen Ländern – die Spannung zwischen Arm und Reich in China immer größer wird und die KP Chinas nur Angst davor hat, dass sich das eine China gegen das andere erheben könnte. Nur so erklärt sich das Motto „China im Glück" auf dem vom Pekinger Erziehungsministerium für das Jahr 2010 verbreiteten Kalender, in dem sich das Glück, jeweils für zwei Monate, aus den sechs Begriffen Gesundheit, Wohlstand, Sicherheit, Freundlichkeit, Zufriedenheit und Harmonie zusammensetzt. So erklärt sich aber auch das „Schweigen" der China-Kenner, die bei der Konzeption der deutschen Aufklärungs-Ausstellung nicht gefragt wurden und deren Themen und Fragestellungen sich tatsächlich mit China beschäftigen, mit der Traditionsaneignung, der Arbeitsgesetzgebung, der sozialen Lage der Wanderarbeiter, den neueren Entwicklungen in der Musikszene oder bei den Darstellenden Künsten, einschließlich Tanz, Satire und Kabarett, der Lage der Schwulen und Lesben, dem Umgang mit der rapide alternden Gesellschaft, den Versorgungslücken und der Suche nach neuen Rohstofflagern. Auch die Analyse der politischen Entwicklung, die Verfassungsdebatten, die schwierige Neuorientierung Chinas auf dem internationalen Parkett sind ihr Thema. Gerade weil sie viele Freunde unter der großen Zahl der kritischen und auf weitere Veränderungen bedachten jüngeren wie älteren Generation Chinas haben, treten sie weder als Bewunderer noch als Tribune zur Verurteilung Chinas oder gar „der Chinesen" auf. Vielmehr wenden sie sich gegen Schwarz-Weiß-Malerei. Zugleich muss man wissen: die Positionen regierungskritischer Chinesen sind vielfältig. Dies gilt auch für die Meinungen der Sinologen, die eben keine uniforme Gruppe sind. Deswegen ist von ihnen eher eine reflektierende Analyse zu erwarten, nicht aber immer gleich eine auf chinesische Interessenkonflikte bezogene Parteinahme. Diese kann man auch den Chinesen selbst überlassen, wenn man ihnen Mündigkeit zutraut – und dies gilt heute nach der Steigerung von Bildung mehr denn je!

Um die Motivation für die Beschwörung einer „Harmonischen Gesellschaft" durch den im Jahr 2012 sein Amt als Staatspräsident aufgebenden Hu Jintao zu verstehen, ist ein Blick auf die Modernisierungsprozesse in Europa seit Napoleon und dem Ende des *ancien regime* einerseits und auf den gleichzeitigen Beginn des Zusammenbruchs der Mandschuherrschaft in China andererseits hilfreich. Die Suche nach einem Konstitutionalismus fand auf beiden Seiten eigene Wege. Man muss jedoch nicht die Charta 08 von Liu Xiaobo befürworten, um zu wissen, dass die Begründung chinesischer Staatlichkeit mit der Befreiung Chinas aus der Umklammerung fremder Mächte alleine keine Grundlage für eine ausdifferenzierte Zivilgesellschaft sein kann. Wie diese aber zu erringen sei, bleibt einstweilen offen. Wenn es aber irgendwie gut gehen und kein Bürgerkrieg mit unvorstellbarem Elend den Übergang kennzeichnen soll, wird es nicht ohne die Ausformulierung einer Verfassung gehen, innerhalb derer nach rechtsstaatlichen Verfahren Konflikte ausgetragen werden, die sich aber zum Zwecke ihres Selbsterhaltes auch gegen ihre Feinde wehrhaft wird zeigen müssen, um sich weiter entfalten zu können. Für solche Wehrhaftigkeit und für die Schwierigkeiten, eine Verfassung zu gewinnen, müsste man im Westen eigentlich Verständnis haben, wenn man auf Flügen in die USA eine Art Versammlungsverbot widerspruchslos akzeptiert, nämlich dass das Zusammenstehen mehrerer Personen in den Gängen eines Flugzeugs verboten ist. Doch sind die Geduld und das Augenmaß für die Entwicklung eines Konstitutionalismus bezogen auf China und den Westen nicht gleich verteilt. Es könnte sich aber erweisen, dass sowohl in China wie in Europa der Zeitpunkt für eine tragfähige demokratische Verfassung noch lange nicht erreicht ist – und vielleicht niemals erreicht werden wird.

Die Ideen der Aufklärung aber sind in China längst bekannt; Friedrich Nietzsche ist einer der beliebtesten Autoren unter chinesischen Intellektuellen seit bald hundert Jahren. Zudem hat China selbst seine aufklärerischen, seine individualistischen und seine herrschaftskritischen und nicht zuletzt seine spirituellen und religiösen Vergangenheiten wieder entdeckt. Auch hier wird die Wahrheit des Satzes offenbar, der nicht nur für Sinologen, sondern auch für Chinesen gilt: China verstehen heißt immer auch: China kritisieren. Zu den bekannteren deutschen Dichtern in China zählt nicht zufällig Heinrich Heine. Daher ist es so wichtig, ein Gespräch mit dem China der Aufklärung zu suchen. Dazu gehört, die Vielfalt der Wertediskurse gerade auch der Aufklärung selbst und insbesondere die in Europa zu beobachtende intellektuelle Selbstentmündigung der auf die Klassik folgenden zwei Jahrhunderte bis in die Gegenwart zu thematisieren. Gerade weil auch diese Entwicklung von der Klassik zur Moderne in Ostasien, also nicht nur in China, sondern mindestens ebenso auch in Japan und Korea, erörtert wird, kann ein respektvolles Gespräch auf Augenhöhe über das Thema Aufklärung nur zustande kommen, wenn die intellektuellen Dynamiken, die Ideenkämpfe beider Seiten während der vergangenen zweihundert Jahre mit thematisiert werden. Wer die Suche Chinas ebenso wie anderer Länder und ihrer Völker nach einem Weg in die Moderne verstehen will, muss sich auf die Diskurse der jeweiligen Eliten einlassen und sich zugleich von der Vorstellung verabschieden, die Zukunft der Menschheit könne nur in der Schaffung mehrerer Europas liegen. An dieser Stelle wendet sich die Forderung des *sapere aude* vor allem an den Westen.

Anknüpfen an die Renaissance-Kulturen Asiens

Überall auf der Welt ist das Bedürfnis, an eigene Traditionen anzuknüpfen, wirkungsmächtig und deswegen ernst zu nehmen. Ein Diskurs über solche Traditionsbindung verlangt, in einem Aufklärungsdiskurs die jeweils eigene Vorstellung von der Klassik, welche Deutsche gerne mit der sogenannten Weimarer Klassik verbinden, mit den Klassikkonzepten des chinesischen 17. und 18. Jahrhunderts und den dort geführten Altertumsdiskursen zu kontrastieren. Es müssten mit anderen Worten die Renaissancekulturen Asiens ebenso mit einbezogen werden wie die Konstruktionen von Altertum und von Autochthonem, von Erik Hobsbawm auch als „Invention of Tradition" gekennzeichnet, wie es sie in Asien ebenso wie in Europa gegeben hat und wie sie bis heute noch wirksam sind, wenn etwa von einer „deutschen Kultur" die Rede ist oder sich in China ein kruder Nationalismus neben einem versponnenen panasiatischen Diskurs immer breiter macht.

Von solcher Aufklärung ist man in Europa selbst noch weit entfernt. Diese Feststellung verliert ihre Harmlosigkeit im Zusammenhang mit der zunehmend häufiger vorgetragenen Vermutung, wir befänden uns am Anfang eines pazifischen Jahrhunderts und im Vorfeld einer Verschiebung der politischen und ökonomischen Macht hin nach China. Statt aber die Erfahrungen mit den eigenen Werturteilsdebatten, mit den Ideenkämpfen der Vergangenheit zu reflektieren und darüber in einem Versuch der Rekonstruktion eigener und fremder Weltbildentwürfe mit den akademischen – und durchaus auch den politischen – Vertretern Chinas ins Gespräch zu treten, glauben viele immer noch, als Lehrmeister auftreten zu können, und lassen sich darin auch noch gerne von einigen Vertretern Chinas bestätigen. So bleibt man in Europa letztlich hinter seinen eigenen Möglichkeiten zurück – und erntet am Ende bei den Vertretern Asiens, die sich in den letzten Jahrzehnten nicht nur mit ihrer eigenen Überlieferung und der Suche nach einer chinesischen oder asiatischen Klassik, sondern auch mit den Werken der europäischen Tradition und deren neueren Denkschulen beschäftigt haben, nur Enttäuschung, wenn nicht Unverständnis und Ablehnung oder gar Hohn.

Die Kritische Theorie der „Frankfurter Schule" etwa wurde und wird auch in China rezipiert, wo seit einigen Jahren insbesondere der Name Jürgen Habermas ein Begriff ist. Wenn dann allerdings ein jetziger Vertreter dieser Schule, Axel Honneth, sich in dem Geleitwort zu einem Sammelband „überrascht" gibt, dass sich „die meisten der Kollegen aus der Volksrepublik China" nicht mit den „neueren Entwicklungen der

Kritischen Theorie auseinandersetzen", und er dieser „eigentümlichen Ungleichzeitigkeit" mit dem Appell entgegen tritt, er erwarte „bei zukünftigen Begegnungen zwischen chinesischen und deutschen Intellektuellen doch eine Antwort auf die Frage [...], welche Bedeutung der Kritischen Theorie heute in der Volksrepublik tatsächlich zukommt", erscheint dies als hochnäsige Schelte.[10] Mit solcher Attitüde kann man nur scheitern. Bei näherer Betrachtung wird nämlich deutlich, dass die von Honneth gestellte Frage erst dann sinnvoll gestellt werden kann, wenn zugleich – um nur einen wichtigen Aspekt zu benennen – die unterschiedliche Rolle der Intellektuellen thematisiert wird. Denn eine mögliche Rolle und Adaptierbarkeit „der Kritischen Theorie" in China kann man nur sinnvoll erörtern, wenn man sie selbst historisiert und dabei zugleich die von Kenichi Mishima konstatierte „Traditionsskepsis der Kritischen Theorie angesichts der ostasiatischen Traditionsdiskurse" deutlich wird.[11]

Und wie stellt sich eine Aufklärungsschau in Peking und wie stellt sich der säkularisierte Westen ganz allgemein zu dem Umstand, dass inzwischen die Religionen und die Vielfalt der Götter in viele Teile Chinas wieder zurückgekehrt sind, nachdem sie während der Kulturrevolution Mao Zedongs als Aberglauben verworfen und verfolgt worden waren? Oder will der aufgeklärte Westen der alten Propaganda der KP Chinas gegen die Religionen wieder aufhelfen? Die in daoistischen Ritualen und in der Rekonstruktion des Universums unter breiter Beteiligung der Bevölkerung gefeierten Feste voller Ekstase und Selbstvergewisserung sprechen für die Vitalität und die Rationalität lokaler und regionaler Selbstorganisationsstrukturen. Sie sind ein Ausdruck der Freiheit und sichern den Fortbestand einer partizipatorischen Rationalität. Bei der Aushandlung von Interessen und Vermögenslagen kommt den Göttern und den um sie gestalteten Ritualen häufig eine erheblich wichtigere Steuerungsfunktion zu als den Regelungen der Regierung. Manches spricht angesichts solcher wieder auflebender kommunaler Kulte und spiritueller Bewegungen für die Vermutung, dass sich in China andere Formen der Modernisierung Bahn brechen, die nicht weniger aufgeklärt

---

10 Siehe Iwo Amelung, Anett Dippner (Hg.): Kritische Verhältnisse. Die Rezeption der Frankfurter Schule in China. Frankfurt/New York 2009, S. 14.

11 Ebd., S. 118.

sind und die vor allem den Menschen nicht weniger in den Mittelpunkt rücken als dies in der Modernisierung des Westens der Fall war.

Selbstauslegung und Dialog

Man darf daher seine Zweifel haben, ob der Westen hinreichend die Rationalität auch all derjenigen Anteile der Kultur Chinas versteht, die über Jahrhunderte einer großen Zahl einen relativen Wohlstand brachten, deren Verschwinden aber im Zuge der von Europa aus induzierten Modernisierung inzwischen zu einem Raubbau an Ressourcen und infrastruktureller Substanz geführt hat, so dass man um die Lebensgrundlagen für zukünftige Generationen bangen muss. Dazu sind nicht nur in China, sondern in globalem Maßstab weitsichtigere Perspektiven und insbesondere partizipatorische Entscheidungsstrukturen erforderlich, deren Wiedergewinnung überall, und nicht nur in China, noch viele Anstrengungen erfordert. Es bedarf der Überwindung jeden Kirchturmdenkens und es ist mehr als nur eine allgemeine Zustimmung zu Globalisierung und Internationalisierung nötig. Es bedarf vielmehr tiefgreifender wechselseitiger Kenntnisse, jener Kompetenz, die seit einiger Zeit in der Bildungspolitik als „Fernkompetenz" bezeichnet wird. Wer aber wird in Europa die Diskurse der Asienwissenschaften und vor allem die Selbstexplikation der Bevölkerungen anderer Länder noch aufgreifen in den Korsetts der Bachelor-Studiengänge? Vor allem aber: Wie öffnen wir das Interesse größerer Kreise für diese immer schon so wichtigen Welten – wenn nicht durch eine Reflexion der eigenen Traditionen? Dabei lässt sich bei Christian Wolff ebenso anknüpfen wie bei dem weltoffenen Johann Wolfgang von Goethe. Dessen Haltung lag zwar quer zur chinesischen Wirklichkeit. Und seine Bühne stand gegen die Theaterpraxis Chinas, in der die Begegnung mit den Göttern nicht zur Selbstermächtigung führt, sondern ein Kampf für Freiheit und Selbstbestimmung ist. Dabei wird nicht die Einsicht ausgeklammert, dass der Mensch nicht Herr seines Schicksals sein kann, sondern wie die Götter ambivalent ist, zerstörend und bewahrend, dass er besessen sein kann, wie die sich selbst kasteienden Medien der daoistischen Tempelrituale, und beherrschend, wie der über Geister und Dämonen gebietende Priester. Leicht wird dabei übersehen, dass solche Rituale und Feste Formen der Aushandlung von Geltungs- und Besitzansprüchen und

von sozialen Rollen darstellen, Formen politischer Mitbestimmung, um
nicht zu sagen Selbstbestimmung und Partizipation.

Die Selbstauslegungsanstrengungen derjenigen Intellektuellen Chinas,
die sich einerseits in der Tradition der Bewegung des 4. Mai 1919 sehen
und denen andererseits an einer Fortführung der chinesischen Kultur in die
bereits immer schon als widersprüchlich verstandene Moderne am Herzen
liegt, gilt es stärker zu beachten. Hier könnte sich der angesprochene unterschiedliche Umgang mit Ambivalenz, mit Wahrheitsverständnissen
und mit entsprechend arrangierten Wertsphärenkonflikten als hilfreich erweisen. Eine Kulturgeschichte Chinas als Zivilisationsprozess wird man in
reflektierter Weise nämlich nur dann formulieren können, wenn man diejenigen kulturgeschichtlichen Horizonte mit einzubeziehen vermag, auf
die sich die Völker Chinas bereits seit den ersten Modernisierungsschüben
des 17. Jahrhunderts und dann vor allem seit 1900 immer schon beziehen.

Wäre bei der Pekinger Ausstellungseröffnung am 1. April 2011 zur
Kunst der Aufklärung ein Diskurs auf Augenhöhe erfolgt, hätten die
Außenminister Chinas und Deutschlands in den Worten Goethes viel-
leicht einander zurufen können:

> Sag was könnt' uns Mandarinen,
> Satt zu herrschen, müd zu dienen,
> Sag was könnt' uns übrig bleiben
> Als in solchen Frühlingstagen
> Uns des Nordens zu entschlagen
> Und am Wasser und im Grünen
> Fröhlich trinken, geistig schreiben,
> Schal' auf Schale, Zug in Zügen.[12]

Ob sie sich dort dann über Johann Gottfried Herders Volksbegriff, die
Konstruktion von Staatlichkeit oder die Allgemeingültigkeit von Wert-
entscheidungen unterhalten, ob sie sich in Delphi oder in Changsha
verabredet hätten, hätte einstweilen ihr persönliches Geheimnis bleiben können. Sie hätten sich angesichts der Visumsverweigerung für ein

---

12 Goethe-Handbuch, Bd. 1: Gedichte, hrsg. von Regine Otto und Bernd Witte,
  Stuttgart und Weimar 1996, S. 456. Zitiert nach Anke Bosse, China und Goethes
  Konzept der „Weltliteratur", in: Jahrbuch des Freien Deutschen Hochstifts 2009,
  S. 231–251, hier S. 248.

Mitglied der deutschen Delegation über den Begriff der Freundschaft verständigen und sich dabei auf Aristoteles oder Konfuzius beziehen können oder auch auf jenen Traktat über die Freundschaft, den der Jesuitenpater Matteo Ricci (chinesisch: Li Madou) im Jahre 1595 in einer Stadt im Süden Chinas in chinesischer Sprache verfasste und der von Chinas Intellektuellen bis heute immer wieder gern gelesen wird, und in dem es heißt: „Echte Freunde sind nicht immer einer Meinung."

Der Dialog mit China findet auf vielen Ebenen statt, auf Regierungsebene, in Städte- und Universitätspartnerschaften, innerhalb weltweit agierender Unternehmen, zwischen Handels- und Projektpartnern. Er findet aber auch statt zwischen Künstlern und Gruppen, in Familien, auf Reisen. Und er beschränkt sich nicht nur auf Chinesen in der Volksrepublik China, sondern findet mit Chinesen aus aller Welt statt, aus Taiwan, Singapur, den USA und aus Deutschland. Oft findet er in Englisch, oft auch in Deutsch, gelegentlich in Chinesisch statt. Daraus entsteht auch Kennerschaft, und deswegen sind es nicht nur die Chinawissenschaftler, die Sinologen, die als Chinakenner gelten können. Die Sinologen aber bilden eine Sondergruppe, weil sie sich in besonderer Weise für die Geschichte Chinas, für frühere Zustände und für Entwicklungsdynamiken und ihre Strukturen interessieren und in ihren Analysen der Gegenwart oft auch hinter die Kulissen blicken. Sie decken Selbstmissverständnisse Chinas ebenso auf wie Chinoiserien im Westen und finden sich daher oft wegen ihres intellektuellen „multi-tasking" zwischen den Stühlen. Sie reden als Menschen mit Überzeugungen, gelegentlich in Funktionen, oft aber doch auch mit einer multiperspektivischen Beteiligung, und als solche China-Kenner sehen sie sich selbst oft in einem Rollenkonflikt. Sie sind es, denen oft Hass, Abneigung, Misstrauen gegenüber „den Chinesen" bekundet wird. Sie sind es, die den China-Euphorikern, nicht selten Vertreter der Wirtschaft, die Schattenseiten des Reichs der Mitte entgegen halten und von diesen deswegen gelegentlich ausgebuht werden.

In ganz eigener Weise sind zu den China-Experten jene Abertausend von Studierenden aus China zu rechnen, die im Westen alle Sparten von Wissenschaften und fremden Kulturen studieren und dabei die sich rapide verändernden Verhältnisse in ihrem Herkunftsland China mit neuen Augen sehen und so eine neue Sicht auf ihre eigene kulturelle Herkunft entwickeln. Im Demokratie- und Menschenrechtsdialog kommt diesen als Kennern Chinas und des Westens eine besondere Rolle zu. Sie wissen, dass die Verfassung und die Gesetze Chinas europäischen Vorbildern folgen und die Institution und Organisation der Armee im China des 20. Jahrhunderts das Ergebnis westlicher, darunter deutscher Militärberater ist. Sie nehmen aber auch zur Kenntnis, dass in den Gräueln der Kämpfe in Libyen im Frühjahr des Jahres 2011 etwa eine Kriegführungspraxis zum Ausdruck kommt, die nichts anderes ist als ein historischer Export Europas.[13] Nimmt man in Europa all diese neuen Blicke in die Welt und die mit ihnen verknüpften Erfahrungen wahr?

Der Dialog mit China ist in jüngster Zeit in besonderer Weise in Verwirrung geraten, auch weil innerhalb dieses Landes das Vertrauen in die politische Führung durch Korruption und Protektion stark geschwächt und kein klärender Aufbruch und keine verheißungsvolle personelle Erneuerung beim nächsten Personalwechsel in der Staats- und Parteiführung 2012, aber auch darüber hinaus in Sicht ist. Das demonstrativ harte Vorgehen gegen den Sohn des Dichters Ai Qing, Ai Weiwei, und andere Intellektuelle ist Ausdruck des Selbstbehauptungswillens im Kontext einer internen Neuarrangierung von Macht unter den Akteuren. Die Entscheidungen werden im Verborgenen getroffen, nicht zuletzt von Parteizirkeln, und es ist Teil des Systems, dass über die wirklich Verantwortlichen nur Mutmaßungen angestellt werden können. Dieser nicht-öffentliche Austrag eines Machtkampfes muss Irritationen auslösen. Das System ist offenbar stark gefährdet. Hüten wir uns aber davor, über sein vorzeitiges Ende zu spekulieren! Damit würden wir uns nicht nur wieder selbst überschätzen, sondern in der Sache selbst wäre die Konsequenz nicht unbedingt wünschenswert. Denn was könnte an die Stelle des gegenwärtigen Systems treten, welches sich bisher ja in erstaunlich hohem Maße als lernfähig erwiesen hat? Vieles spricht dafür,

13 Thomas Speckmann, Verbrechen an der Zivilbevölkerung als neues Mittelalter? Gaddafis Kriegführung in Libyen ist kein epochenspezifisches Phänomen, sondern ein historischer Export Europas, in: Frankfurter Allgemeine Zeitung Nr. 97 (27. April 2011), S. N3. – Zum Verhältnis zu den Ländern Afrikas siehe auch den Bericht über eine Wirtschaftskonferenz in der Hamburger Handelskammer von Tim Neshitov, Im Wahrnehmungsvakuum. Wie die deutsche Wirtschaft mit Afrikanern redet, in: Süddeutsche Zeitung Nr. 95 (26. April 2011), S. 12.

dass eine Han-chauvinistische Variante einer durch Militär gestützten Oligarchie mit Unterstützung mafiöser Strukturen die besten Chancen hätte, das gegenwärtige unter Aufsicht der KP Chinas stehende System zu ersetzen. Ob dies allerdings als Verbesserung oder Fortschritt bezeichnet werden könnte, muss man bezweifeln. Was aber sind die Optionen der Mehrheit der Kommunistischen Partei und der Regierung Chinas, und welche Vorstellungen sind in den Provinzen und in Industriellen- und Bankenzirkeln Chinas verbreitet, die ja auch über Geld und Einfluss verfügen?

Solche Fragen werden in Deutschland selten gestellt. Statt dessen konzentriert man sich lieber darauf, die jüngsten Repressionsmaßnahmen mit der Ausstellung „Die Kunst der Aufklärung" in Verbindung zu bringen. Dass bei dieser abwegigen Deutung wiederum deutsche Selbstüberschätzung mit im Spiel ist, wird inzwischen von manchen zu Recht erkannt.[14] Und doch scheint der Dialog derzeit zu misslingen. Vieles geht durcheinander, und Betroffenheit und Missionsgeist streiten sich um die Meinungshoheit in der Berichterstattung. Statt aber nur Zuschauer zu sein oder zum Buhrufer zu werden, wäre eine Entflechtung der Gesprächsebenen und eine differenzierte Betrachtungsweise nicht nur notwendig, sondern auch möglich. Nichts scheint dringlicher als dies! Mit Empörung und Anklagen allein bleibt der Westen sonst hinter seinen eigenen Möglichkeiten zurück und droht eine rechthaberische Hartleibigkeit zu zeigen, der er doch eigentlich gerade auf den Pelz rücken zu wollen vorgibt. Dies wird umso folgenreicher, als es in den letzten Jahren international kaum einen Begegnungsraum gibt, der mehr frequentiert wäre als der zwischen China und dem Rest der Welt, Deutschland eingeschlossen. Die Flugzeuge in die Metropolen Chinas sind seit Jahrzehnten voll – wenn man von der Zeit der Angst vor SARS im Frühsommer 2003 einmal absieht.[15]

14 Siehe Mark Siemons, Wir sind nicht gemeint, in: Frankfurter Allgemeine Zeitung Nr. 104 (5. Mai 2011), S. 29.

15 In dieser Situation unterscheidet eine Studie zum Menschenrechtsdialog zwischen Europa und China in klärender Weise zwischen verschiedenen Ebenen dieses Dialogs: der Diplomatie, den Expertenseminaren und den Kooperationsprojekten. Die Autorinnen konstatieren auch auf westlicher Seite eine Verwirrung und empfehlen daher, die Ebenen des Dialogs möglichst zu entflechten. – Kinzelbach und Thelle konstatieren: „Today, there appears to be no consensus within European academic and diplomatic circles on whether it is desirable to discuss European

China lernt – lernt Europa?

Dabei gibt es gute Ansätze zu gezieltem Dialog ohne Verleugnung der eigenen Werthaltungen. Die Identifizierung des jeweils adäquaten Gesprächspartners bleibt allerdings schwierig. Auch hat die Verwirrung eine Vorgeschichte. Da gab es zu Zeiten von Franz Josef Strauss und seiner China-Euphorie nur die Sinologen und Organisationen wie Amnesty International oder Human Rights Watch, die sich für die Menschenrechte in China wirklich interessierten. Es waren europäische Sinologen, die den Geist der 4.-Mai-Bewegung wach hielten. So hatten sie 1968 nach Prag zu einem Kongress über die Demokratiebewegung 1919 eingeladen, der aus bekannten Gründen dann nicht stattfinden konnte. Von wegen mangelnde Kritik der Sinologen gegenüber China! Sie relativierten stets das Faszinosum China, wie Wolfgang Bauer, der öffentlich dafür scharf angegriffen wurde, in einer Zeit als der Vorsitzende des auswärtigen Ausschusses des deutschen Bundestages, Gerhard Schröder, CDU, sich noch 1972 von den Blumen schwingenden Massen in Peking beeindrucken ließ und von der chinesischen Freundlichkeit und Sauberkeit und Ordnung schwärmte. Die aufklärerische und oft kritische Haltung der Chinawissenschaftler steht also außer Frage. Auf der Ebene der internationalen Politik und in den Medien hingegen wurde die Frage der Menschenrechte gegenüber China überhaupt erst seit 1989 thematisiert.[16] Auch wenn der Westen den Verantwortlichen Deng Xiaoping weiterhin hofierte und Zhao Ziyang schnell vergaß, steht seither China in besonderer Weise in Fragen der Achtung der Menschenrechte unter Beobachtung.

Bei solcher langen Tradition von Differenzierung wäre die Forderung nach einer dogmatisch einheitlichen Linie ein arger Rückschritt. Manche Landesregierungen wie die Niedersachsens unter dem Sozialdemokraten Gerhard Schröder ließen nach 1989 ihre China-Partnerschaften ruhen. Es

challenges in the seminars. Generally, however, European examples are presented more often as ‚best practice' and not as critical human rights violations that need correction." – Katrin Kinzelbach and Hatla Thelle, Taking Human Rights to China: An Assessment of the EU's Approach, in: The China Quarterly 205 (March 2011), S. 60–79, hier S. 75.

16 Roberta Cohen, People's Republic of China: the human rights exception, in: Human Rights Quarterly, vol. 9, Nr. 4 (1987), S. 447–549.

war auch dieser spätere Bundeskanzler, der sich wie auch Unionspolitiker der norddeutschen Küstenländer aus verständlichen Interessen Anfang der 90er Jahre vehement für eine Lieferung von U-Booten und Fregatten an Taiwan einsetzte und eine Brüskierung Pekings in Kauf genommen hätte – allerdings mit diesem Plan dann am Bundessicherheitsrat scheiterte. Der China-Lobbyist und Vorsitzende des Arbeitskreises China im Ostausschuss der Deutschen Wirtschaft, Heinrich Weiss, plädierte in jenen Jahren dafür, mit China zu kooperieren. Gerade in Zeiten politischer Sprachlosigkeit wollte er verhindern, dass neue Mauern errichtet werden. Diese Haltung, die in China auch über den engeren Funktionärskreis hinaus anerkannt wurde und in einer Fülle von Aufträgen für die deutsche Industrie mündete, war sicher im deutschen Interesse. Volkswagen und die deutsche Automobilindustrie insgesamt stünden ohne diese Vorgeschichte heute anders da.[17]

China aber war längst unterwegs auf dem Weg in die Weltgesellschaft, hatte intensive Lernphasen initiiert und sich auf die Übernahme von Gesetzeswerken und Regelungsverfahren aus dem Westen konzentriert. Das Lernen bestand nicht nur in der Übernahme von Blaupausen und Gesetzbüchern, sondern war und ist bis heute verbunden mit der Frage: „was machen wir anders als der Westen?" Aber warum ist der den erfolgreichen Wirtschaftsaufschwung ermöglichende starke chinesische Staat in vielerlei Hinsicht so schwach und so wenig souverän gegenüber seinen Kritikern, warum hält er sich oft nicht einmal an seine eigenen Rechtsnormen? Hinweise auf die Schwäche geben die im Jahre 2009 erschienenen Memoiren des 1989 von Deng Xiaoping geschassten Premiers Zhao Ziyang, der bis zu seinem Tode 2005 unter Hausarrest gestanden hatte, aber auch die stärker werdenden Übergriffe gegen einzelne Kritiker ebenso wie gegen ihre Anwälte.[18] Wäre es nicht längst auch im Interesse deutscher Selbstachtung gewesen, in den bilateralen Wirtschaftsgesprächen Fragen der Menschenrechte, etwa des Arbeitsschutzes oder der betrieblichen Mitbestimmung, Raum zu geben? Von einem starken Staat in Wirt-

17 Siehe Martin Posth, 1000 Tage Shanghai. Die abenteuerliche Gründung der ersten chinesisch-deutschen Automobilfabrik. München 2006.
18 Siehe Fu Hualing and Richard Cullen, Climbing the *Weiquan* Ladder: A Radicalizing Process for Rights-Protection Lawyers, in: The China Quarterly 205 (March 2011), S. 40–59.

schaftsfragen hätte Deutschland von China, in Fragen der Garantie und Anerkennung der Menschenrechte China von Deutschland lernen können. Doch in China wartet man nicht auf Deutschland, sondern die fortschreitende Modernisierung befeuert dort längst schon Forderungen nach Partizipation und Mitbestimmung. Ein Stuttgart 21 ist mittlerweile auch dort nicht ausgeschlossen.

Wirtschaftsvertreter aber zeichnen verständlicherweise oft noch und gerne rosige Verhältnisse, und die Politiker beschwichtigten ihre Kritiker mit dem Hinweis auf den erwähnten, seit 1995 alljährlich vereinbarten Menschenrechtsdialog. Diesem war seit 1999 der von Gerhard Schröder initiierte Deutsch-chinesische Rechtsstaatsdialog an die Seite getreten. So entsprach es der allgemeinen Stimmung, wenn Jürgen Habermas nach seinem Besuch in China im Jahre 2001 in einem Interview formulierte, „dass die Menschenrechte eine produktive Antwort auf Probleme darstellen, vor denen China heute ebenso steht wie seinerzeit Europa." Auf die Frage aber: „Hat der Westen bei all den eigenen Verfehlungen überhaupt das Recht, China anzuprangern?" antwortete Habermas: „Gewiss. Die Frage ist nur, wie wir die Kritik vorbringen. Die Chinesen können mit Recht erwarten, dass der Westen nicht im kolonialen Stil auftritt. [...] Wenn wir in einer selbstkritischen Haltung mit den Chinesen reden, ist eine klare Sprache möglich."[19] In jedem Falle ist von jedem einzelnen zu wünschen, dass er seine Verstrickungen reflektiert. Doch unabhängig davon sind Menschenrechte nicht nur unteilbar und universal gültig, sondern es wäre vollkommen abwegig anzunehmen, die Orientierung an den Menschenrechten sei mit irgend einer kulturellen Identität nicht vereinbar. Sie sind in keiner Weise verhandelbar. Und doch braucht in keinem Dialog ausgeklammert zu werden, dass Menschen- und Bürgerrechte nicht nur begrifflich schon etwas Unterschiedliches sind, sondern auch innerhalb bzw. an den Grenzen Europas nicht das Gleiche.[20] Von Guantánamo ganz zu schweigen. Die vor allem der Rohstoffsicherung dienende Ermor-

---

19 Spiegel-Interview mit Andreas Lorenz, „Das geht ans Eingemachte". Jürgen Habermas über die neue, weltoffene Studentengeneration und die Angst der Kommunistischen Partei vor dem Reizthema Menschenrechte, in: Der Spiegel 18 (2001).

20 Siehe etwa Thomas Steinfeld, Sei Person. Wie an den Grenzen der Europäischen Union die Menschenrechte ihr Ende finden, in: Süddeutsche Zeitung Nr. 92

dung des ersten demokratisch gewählten Ministerpräsidenten des Kongo Lumumba im Januar 1961 ist in den Entwicklungsländern unvergessen. Allein die Bestialität dieses Mordes unter den Augen der CIA, des belgischen Königshauses, ja des Westens insgesamt, hat neben manch anderem „dem Westen" in den Augen vieler weitgehend die Legitimation entzogen, in fernen Ländern die Einhaltung der Menschenrechte einzuklagen. Warum übrigens ist eine juristische Aufarbeitung bis heute nicht erfolgt? Sollte nicht, wer wirklich an den Menschenrechten und an deren Beachtung interessiert ist, sie zuerst in seinem eigenen Umfeld wahren?

Wer aber sind „wir"? Ist Europa zu einem „wir"-Gebrauch überhaupt in der Lage, wenn Angela Merkel den Dalai Lama im Bundeskanzleramt empfängt und kurz darauf Nicolas Sarkozy, ohne seine Menschenrechtsbeauftragte, nach Peking fliegt, um dort Geschäfte zu machen und den Verkauf von Kernkraftwerken unter Dach und Fach zu bringen? Pflegen „wir" in Europa wirklich eine selbstkritische Haltung? Warum unterwirft sich Deutschland nicht vorbehaltlos dem Internationalen Gerichtshof in Den Haag? Wer in China nur die „Fratze des Kommunismus" sieht wie der eingangs erwähnte Künstler Norbert Bisky,[21] verkennt die Vielgesichtigkeit Chinas und fixiert sich, ohne einen Blick für Nischen, Subtexte und die Tausend Bühnen im Reich der Mitte, auf einige Anteile europäischen Importes, die ihm dann wie aus einem Spiegel als Fratze erscheinen müssen.

Man könnte nämlich auch darauf vertrauen, dass sich in China im Zuge gelingender Modernisierungsprozesse die Menschenrechte und bürgerliche Freiheitsrechte durchsetzen werden, weil sie die Voraussetzung für ein langfristig erfolgreiches politisch-gesellschaftliches System sind. Man könnte darauf vertrauen, wie „wir" in Europa auf der Grundlage der Errungenschaften seit den epochalen Entwicklungsschüben der Renaissance heute auf eine Verwirklichung eines Europas nicht nur als Wirtschafts-, sondern auch als Rechts- und Wertegemeinschaft immer noch hoffen. Und an nichts mehr als an diesem Prozess sucht China

---

(20. April 2011), S. 11. (im Netz unter der Überschrift: Flüchtlingspolitik in Europa. Gefangen im existentiellen Ausnahmezustand).

21 Norbert Bisky, Wo ist Ai Weiwei? Und was machen wir? Nach der Verhaftung: Die Kunstwelt macht weiter Deals mit China. Ich protestiere, in: Frankfurter Allgemeine Zeitung Nr. 102 (3. Mai 2011), S. 31.

seit über hundert Jahren seine eigene Renaissance zu orientieren. Sollte Europa da nicht als Gesprächspartner auftreten, statt mit Steinen zu werfen – oder sich gar mit Drohnen auszurüsten und eine der Wiegen der Kultur Eurasiens im Swat-Tal zu zerbomben? Dann wäre sogar Zuversicht erlaubt, wo doch immer mehr Bürger Chinas eine freiheitliche demokratische Verfassung anstreben. Dabei bedarf es weniger der Berufung auf Immanuel Kant, in dessen Augen sich die Natur „der Verschiedenheit der Sprachen und der Religionen" bedient, um das Aufgehen der Nationalstaaten in einer „Universalmonarchie" zu verhindern.[22] Vielmehr sollte Europa über seine Erfolge berichten, wie es ihm gelingt, bei aller kulturellen und sprachlichen Vielfalt ein Europa bei flächendeckender Geltung der UN-Menschenrechtscharta innerhalb und bis an seine Ränder heute schon zu verwirklichen! Bereits Kant teilte solche Zuversicht, wenn er meinte, der „natürliche" Krieg werde zwischen den Staaten durch anwachsende Kultur und den Handelsgeist, die „Geldmacht"[23] gezähmt, womit er sich an das Modell des „Weltfriedens durch Welthandel" des Adam Smith anlehnt.[24]

Wenn es aber um die Beziehung von Markt und Staat geht, so wird man sich keinen Illusionen hingeben. Denn man muss wohl Herfried Münklers Feststellung zustimmen, dass es nichts als eine „Glaubensvorstellung" ist, „dass die Freiheit des Individuums nur an der Freiheit der anderen Individuen ihre Grenzen finde und sich ansonsten voll entfalten könne, ohne auf Voraussetzungen und Rahmenbedingungen dieser Entfaltung achten zu müssen [...]".[25] Erst Gemeinwohlorientierung und Gemeinsinn schützen gegen die Gefahr der Selbsterosion freiheitlich verfasster politischer Ordnungen. Dies gilt für Europa wie für China und könnte daher auch das Thema eines Dialogs sein, den ja nicht nur der deutsche Außenminister führen muss.

22 Immanuel Kant, Zum ewigen Frieden. Ein philosophischer Entwurf. Stuttgart: Reclam 1963, S. 49.
23 Ebd.
24 Siehe Hasso Hoffmann, Bilder des Friedens oder Die vergessene Gerechtigkeit. München: Carl Friedrich von Siemens Stiftung 1997; zweite Auflage 2008, S. 70.
25 Herfried Münkler, Die Gemeinschaft der Individuen, in: Die Zeit Nr. 18 (25. April 1997), S. 50.

Im Hinblick auf China bleibt trotz aller Zuversicht freilich die Frage offen: wo finden wir verlässlich solche Gemeinwohlorientierung? Ist die KP der einzige Garant? Daran sind Zweifel erlaubt, und die täglichen Protestaktionen innerhalb Chinas belegen, dass das Vertrauen der Bevölkerung in die Handlungsfähigkeit von Partei und Regierung zu wünschen übrig lässt. Den zahlreichen Deutschlandkennern in China ist allerdings nicht verborgen geblieben, dass nicht nur die Realisierung von Demokratie und die Beachtung der Menschenrechte innerhalb der EU ihre Grenzen hat, sondern dass auch in Deutschland, so der Philosoph Lutz Wingert, bisher Demokratie „maßgeblich als Regieren für das Volk, nicht durch das Volk verstanden" wird, dass es „schwerer für die Bürger (ist), einen Volksentscheid ins Ziel zu bringen, als es für die Parteien ist, an die Regierung zu kommen."[26] Und wie unüberlegt in der repräsentativen Demokratie nur nach Stimmungslagen und keineswegs umsichtig und sachgerecht entschieden wird, wie etwa in den Jahren 2010/2011 in der Kernenergiefrage, wird auch keinem Beobachter in China entgangen sein.[27]

Auf dem Gebiet der Außenpolitik ist die Zurückhaltung, ja die Verweigerung Berlins, im Frühjahr 2011 im Falle Libyens einzugreifen, zwar als Wahltaktik zu verstehen. Aber hier die gebotene Schutzverantwortung nicht zu übernehmen und die notwendige und durch den UN Sicherheitsrat legitimierte humanitäre Intervention zu verweigern, ist ein moralischer und politischer Fehler und führt auch in China zu Irritationen.[28] Wenn so an den Rändern Europas schwere Verbrechen gegen die Menschlichkeit zuschauend hingenommen werden, unterminiert Deutschland als Teil Europas abermals seine Glaubwürdigkeit und enttäuscht all jene, die in China gerne auf das Vorbild Europa verweisen möchten. Dabei geht es nicht um eine realitätsferne Moral. Und es lassen sich durchaus Waffen-

26 Lutz Wingert, Die Bürger als Zuschauer. Demokratie wird allzu oft als Regieren für das Volk verstanden, nicht als Regieren durch das Volk, in: Süddeutsche Zeitung Nr. 96 (27. April 2011), S. 2.

27 Siehe hierzu Ottmar Edenhofer, Standpunkt: Es geht um die Zukunft der repräsentativen Demokratie, in: Frankfurter Allgemeine Zeitung Nr. 98 (28. April 2011), S. 12.

28 Siehe die Stellungnahme von Harald Müller, Vereinte Nationen rufen, Deutschland hört weg. Die Zurückhaltung Berlins im Falle Libyen ist moralisch und politisch nicht zu rechtfertigen, in: Süddeutsche Zeitung Nr. 98 (29. April 2011), S. 2.

exporte auch in Krisengebiete rechtfertigen – denn wo sonst würden sie gebraucht! –, wenn nur eine außenpolitische Perspektive formuliert und in diplomatischen und sonstigen Aktivitäten verfolgt wird.

Wenn Jürgen Habermas in seiner kritischen Stellungnahme zur Integration Europas von der „Durchsetzung der Menschenrechte" als einem der „Menschheitsprojekte" spricht und formuliert, dass dieser „Durchsetzung der Menschenrechte auf internationaler Ebene" sich „die internationale Gemeinschaft nicht entziehen" könne, und wenn er zugleich von fortgesetzter „Entmündigung der europäischen Bürger" spricht, wird nicht nur das Dilemma Europas deutlich,[29] sondern dann stellt Europa selbst in den Augen Chinas seine Wertbindungen in Frage. In diesem Punkte ist dem Sinologen Heiner Roetz zuzustimmen, der nicht müde wird zu betonen, dass die Idee der Menschenrechte keinen privilegierten Ort hat,[30] ganz im Sinne Max Webers, der angesichts der von ihm so beobachteten Entstehung des „modernen rationalen Kapitalismus" nicht anstand einzuräumen, dass die Chinesen die Idee dieses Kapitalismus möglicherweise viel vollkommener umzusetzen in der Lage seien als der Okzident,[31] wofür wir derzeit ja genügend Anschauungsunterricht erhalten. Dass in dieser Lage sich Sinologen untereinander der Werteabstinenz oder gar des Verrats aufgeklärter Geltungsansprüche von Normen bezichtigen, ist nicht ganz neu – und ist zugleich ein Beleg dafür, wie unsinnig es ist, von *den* Sinologen oder *der* Sinologie zu sprechen. Förderlicher allerdings wäre ein Blick auf China und eine Analyse der Lage – und dazu bot sich im Frühjahr 2011 kaum eine Figur so sehr an wie der Künstler Ai Weiwei.

29 Jürgen Habermas, Ein Pakt für oder gegen Europa? An Gründen für eine Gemeinschaft fehlt es nicht, wohl aber an einem politischen Willen – und an Verantwortung, in: Süddeutsche Zeitung Nr. 81 (7. April 2011), S. 11.

30 Siehe Heiner Roetz, Die Werte der Anderen. Zwischen Institution und Individuum: die Interpretation der Menschenrechte in Ost und West, in: Der Tagesspiegel vom 17. April 2011.

31 Max Weber Gesamtausgabe. Schriften, Band 19. Hrsg. von Helwig Schmidt-Glintzer und Petra Kolonko. Tübingen: Mohr 1989, S. 476–477.

Ai Weiwei und Perspektiven einer Massengesellschaft

Der chinesische Künstler Ai Weiwei, Jahrgang 1957, der das Olympia-stadion in Peking für 2008 entworfen hatte und der die politischen Ver-hältnisse in China unermüdlich kritisiert, konfrontiert sein Land immer wieder mit sich selbst. So hatte er sich ausgedacht, auch einmal Europa mit China zu konfrontieren. Als Meister der großen Zahl wollte er nach den 1001 Chinesen auf der Kasseler Documenta 2007 im Jahr 2010 die Besucher der Londoner Tate Modern mit 100 Millionen bemalten Son-nenblumen-Kernen konfrontieren. Kostspielige Kunstprojekte gibt es also in Peking wie in London! Auf einem tausend Quadratmeter gro-ßen, zehn Zentimeter tiefen Teppich aus bemalten und dadurch indivi-dualisierten Porzellan-Sonnenblumenkernen sollte man in diesem grau-weißen Samenmeer spazieren können, herumtollen und die Individualität jedes einzelnen Sonnenblumenkerns erkennen. Man sollte über China und den Westen nachdenken, über das Verhältnis des Einzelnen zur Massengesellschaft. Zwei Jahre lang hatte Ai Weiwei 1600 Kunsthand-werker in Jingdezhen diese Sonnenblumenkerne herstellen und bemalen lassen – 150 Tonnen, und diese nach London in die Turbinenhalle ge-bracht. Bis zum 2. Mai 2011 sollte man dieses Erlebnis genießen können. Es kam dann aber ganz anders: Das Herumflanieren der Besucher auf dem Kunstwerk erzeugte Staub. Und weil dieser Staub gefährlich werden könnte, wenn er inhaliert wird, wurde das Kunstwerk am vierten Tag nach der Eröffnung von Sicherheitsexperten des Museums gesperrt. Das Erlebnis wurde verboten. Wollte Ai Weiwei damit einen Beleg für die Grenzen der Freiheit liefern und zum Ausdruck bringen, dass ein Mil-liardenvolk nicht geeignet sei für solche Experimente? Vielleicht bedarf, was Völker in kantonsgroßen Arealen noch miteinander zu organisie-ren imstande sind, in größeren Flächenstaaten oder gar in Erdteilen wie Europa oder China anderer Partizipationsstrukturen? Auch diese insze-nierte Fragestellung haben wir Ai Weiwei zu verdanken.[32]

Bezogen auf die Idee der Menschenrechte und deren Einbettung in kulturelle Muster, deren Vorhandensein und Wirkmächtigkeit keiner leugnen wird, muss angesichts der europäischen Prägung der Welt in

---

32 Siehe auch Barbara Gärtner, Unser aller Individuum. Der chinesische Künstler Ai Weiwei bleibt verschwunden. Das macht ihn zur Sehnsuchtsfigur des Westens, in: Süddeutsche Zeitung Nr. 98 (29. April 2011), S. 13.

den letzten Jahrhunderten eine selbstkritische Haltung darauf zielen, eine der gesamten Menschheit verträgliche Moderne zu entwickeln (oder einfach zuzulassen). Unter den Gesichtspunkten von Verteilungsgerechtigkeit und Ressourcenschonung, Gleichverteilung von Lebens- und Wohlstandschancen eingeschlossen, könnte Europa in seinen Binnenbeziehungen neue Konzepte formulieren und die Mahnung von Jürgen Habermas aufgreifen: „Auch die Europäische Union wird keinen demokratischen Charakter annehmen können, solange es die politischen Parteien ängstlich vermeiden, Alternativen zu Entscheidungen von großer Tragweite überhaupt zum Thema zu machen.“[33] – Etwas, was man genau so auch der KP Chinas vorhalten kann. Dabei ist eine Strategie der Internationalisierung bzw. der Transnationalisierung längst überfällig, und sie kann nicht auf den Markt allein und auch nicht, wie inzwischen wieder vermehrt, auf das Militär, sondern muss auf andere Formen des Dialogs setzen. Die kritisch zu beleuchtenden Felder sachlicher Politik sind bekannt: der Handel mit Lebensmitteln und Rohstoffen, Handelsschranken und fehlende Freizügigkeit, ungleiche Arbeitsstandards.

Parteilichkeit und Erfahrungsaustausch

Erst wenn auch im Hinblick auf die Priorisierung und die Gestaltungswege zur Durchsetzung einer humanen Weltgesellschaft Meinungsvielfalt zugelassen würde, und wenn zugleich die politischen Parteien – auch transnational – um alternative Lösungswege miteinander in Wettstreit treten, kann es eine Hoffnung auf Besserung geben. Die Durchsetzung der Menschenrechtsidee und deren praktische Respektierung erfordert eine verantwortungsvolle Gestaltung der Mittel und Wege, dieses Ziel zu erreichen. Das geht nicht ohne eine Differenzierung des Habermas'schen „wir“ und zeigt sich auch auf den unterschiedlichen Ebenen des EU-China-Menschenrechtsdialogs, an dem Kenner beobachten, dass die Sprecher Europas selten Erfahrungen mit oder Kenntnisse über China haben und eher dazu neigen, innereuropäische Probleme bei den

---

33 Jürgen Habermas, Ein Pakt für oder gegen Europa? An Gründen für eine Gemeinschaft fehlt es nicht, wohl aber an einem politischen Willen – und an Verantwortung, in: Süddeutsche Zeitung Nr. 81 (7. April 2011), S. 11.

Gesprächen auszuklammern.[34] Muss nicht vielmehr bei einer Menschenrechtspolitik, die ernst genommen werden will, auch auf die realen Gesprächs- und Verständigungsmöglichkeiten Rücksicht genommen werden? Die Erfahrung mit asymmetrischen Lagen führt nämlich bei den „China-Kennern" oft zu einer gewissen Reserviertheit, in die lauten Anklagen gegen China einzustimmen. Wenn Kinzelbach und Thelle im Zusammenhang des EU-China-Menschenrechtsdialogs „Beratung und Austausch unter gleichrangigen Partnern" („negotiation and exchange between equal partners") vermissen, weil die Ausgangslage des Gesprächs ungeklärt ist,[35] dann wäre es doch ratsam, die Voraussetzungen von Meinungsaustausch und Dialog einmal zu reflektieren. Dass dies politische Propaganda und der Boulevard aus einsichtigen Gründen geflissentlich nicht beachten, sollte doch nicht zur Richtschnur einer sich für aufgeklärt haltenden Zivilgesellschaft werden. Die Feststellung eines „Dialogs unter Ungleichen"[36] bezeichnet genau eine jener „Baustellen", auf der die „China-Kenner" arbeiten mit dem Ziel, im internationalen Dialog nicht ständig in Sprachlosigkeit zu verfallen.

Dialog mit China ist immer auch der Dialog mit Gruppen und Einzelnen, in unterschiedlichen Foren und Kontexten. So ist es zu begrüßen, dass auch bei der Veranstaltung der Berliner Akademie der Künste im April 2011 neben den scharfen Verurteilungen des Kulturstaatsministers Bernd Neumann aus dem Publikum der „Wunsch nach einem Künstler-

34 "Speakers on the European side were seldom involved in China projects, as the EU countries mostly sent people who were specialists on the selected topics but inexperienced in relations with the Chinese scene, in spite of the fact that the European Commission had hinted to participating academics that they should avoid talking about internal European problems." – Kinzelbach/Thelle, op.cit., S. 75. – Übrigens findet sich eine ähnliche Spreizung auch in Afghanistan zwischen den Isaf-Kräften und der diplomatisch-politischen Szene einerseits und den Mitgliedern der NGOs andererseits. Zur Vermeidung von Kompromittierung und Glaubwürdigkeitsverlust meiden letztere die Assoziierung mit den „offiziellen" Kräften!

35 Kinzelbach/Thelle, op. cit., S. 79: "while in reality part A aims at changing part B and part B knows it and does not accept it"

36 Ebd.: "The European Union does not conceal that the dialogue is about improving the human rights situation in China; while the Chinese side sticks to the equality-and-mutual-respect label". – Siehe auch Joachim Güntner, Dialog unter Ungleichen. Chinas „selbstmörderische Kulturpolitik" und Deutschlands Naivität, in: Neue Zürcher Zeitung Nr. 100 (30. April 2011), S. 20.

austausch jenseits staatlicher Einflussnahme"[37] geäußert wurde. Dabei wird aufs Neue zu ermitteln sein, was denn das Selbstbewusstsein Europas und die Selbstbestimmung des Vielvölkerstaates China wird sein können. Nur dann lassen sich Verfassungsfragen klären und eine mehrheitsfähige neue Definition eines Gemeinwohl und Egoismus versöhnenden Wohlstandskonzeptes finden.

Auf welcher Ebene, in welcher sozialen Konstellation, in welcher Rolle immer man sich dabei mit Chinesen oder Vertretern Chinas ins Gespräch begibt, Kenntnisse sind immer sinnvoll und können hilfreich sein. Hier kommen wieder die Sinologen ins Spiel. Ihnen wird vorgeworfen, sie äußerten sich nicht eindeutig und öffentlich. Doch die Behauptung, die Sinologen selbst seien bei der Durchsetzung der Menschenrechte in China ein Teil des Problems, ist so abwegig, dass sie auch durch Wiederholung nicht richtiger wird.[38] Warum aber werden all die Beiträge, Bücher, Aufsätze, Analysen der Landeskenner nicht zur Kenntnis genommen? Hat einer dort irgendwo Verharmlosungen gefunden oder gar Schönfärberei? In der Presse ist viel Kritik an China zu lesen. Aber welches China ist da je gemeint? Die China-Kenner wissen, – aber wissen „wir" es? –, dass heute vieles auf lokaler Ebene passiert, dass die Zentralregierung und auch die Parteizentrale dem Geschehen auf lokaler, regionaler und Kreisebene oft genug hilflos gegenüber stehen. Wer also sind dann die Adressaten der Kritik? Oder soll China noch mehr zum Polizeistaat werden? Manchmal wäre mehr Gelassenheit hilfreich, und sicher aufrichtige Gespräche auf allen Ebenen, und ganz gewiss auch Protest gegen die Praxis der Todesstrafe und andere Menschenrechtsverletzungen, die wo immer sie geschehen an den Pranger gehören.

37 Camille Blechen, Verhöhnung der Freiheit, in: Frankfurter Allgemeine Zeitung Nr. 98 (28. April 2011), S. 29
38 Siehe Heiner Roetz, Sinologie als Problem. Eine Erwiderung auf Helwig Schmidt-Glintzers „China und die Aufklärung", in: Frankfurter Allgemeine Zeitung Nr. 97 (27. April 2011), S. N 5.

Wo bleibt Europa? Fünf Forderungen zur Sicherung der Innovationsführerschaft

Trotz großer Probleme stehen die Chancen nicht nur für China, sondern auch für Europa jedoch nicht schlecht. Allerdings lassen sich diese Chancen nur nutzen, wenn Europa folgende fünf Forderungen beachtet:

– es muss, *erstens*, eine Kooperationskultur pflegen, und nicht – um ein Beispiel zu nennen – etwa den Kleinwagenimport aus China nach Europa begrenzen, nur um des kurzfristigen Vorteils des Schutzes der innereuropäischen Arbeitsplätze wegen;

– es muss, *zweitens*, den Bildungsaustausch und die Anreicherung von Lernstrategien aktiv fördern;

– es muss, *drittens*, die eigenen kulturellen Vorstellungen mit andersartigen Lebens- und Weltvorstellungen verknüpfen: solche Verschränkung kultureller Muster schafft neue Chancen;

– es muss, *viertens*, die Wertvorstellungen der europäischen Moderne immer wieder neu begründen, und zwar nicht nur im Außenverhältnis, sondern auch in den eigenen Bildungs- und Diskurssphären. Aus einem solchen Diskurs erst lässt sich die Kraft gewinnen, das jeweilige Gegenüber in einen gemeinsamen Diskurs einzubinden;

– es muss sich, *fünftens*, der historischen Dimension bewusst bleiben. Nur wenn sich Europa daran erinnert, dass die Innovationsführerschaft des Westens das Ergebnis spezifischer Konstellationen war, wird es diese Innovationsführerschaft auch in Zukunft wahren. Denn in der Zukunft wird ebenso wie in der Vergangenheit Wohlstand ohne Innovationsvorsprung nicht zu halten sein. – Diese Forderungen verweisen auf kulturelle Grundstrukturen, auf die Kenntnis des Anderen wie des Eigenen.

Wie findet sich Europa wieder in einer Welt, welche von Europa nicht nur Segnungen erfuhr, sondern auch drangsaliert wurde? Zunächst bleibt festzuhalten, dass Europa eine Erfolgsgeschichte vorzuweisen hat. Von Europa aus, welches die Welt im 16. Jahrhundert unter sich aufgeteilt hatte, hat sich in den letzten 500 Jahren die Moderne entfaltet und die Welt zusammengefunden. Europa hat nicht nur in seinen politisch-philosophischen Überlegungen die Konzepte von Staatlichkeit, von ewigem Frieden und von Menschlichkeit entwickelt und durchdacht, sondern sie dem Rest der Welt zur Übernahme angeboten. Noch heute klassifiziert sich die Menschheit nach Kategorien, welche in Europa entwickelt und formuliert wurden. Gleichzeitig gibt es jedoch auch eine Kehrseite der Dominanz. Denn zu dieser Erfolgsgeschichte steht im Gegensatz, dass Europa trotz des Menschlichkeitsbegriffs zwei Weltkriege einschließlich des Holocaust hat geschehen lassen und bis heute innerhalb seiner Grenzen keine Freiheit, Gleichheit und Brüderlichkeit realisiert hat. Vielmehr hat Europa es zugelassen, dass seine beiden imperialen Flügelmächte, die USA und die Sowjetunion, über ein halbes Jahrhundert die restliche Welt in den Schatten ihrer Rivalität gestellt haben. Das hat sich inzwischen geändert.

Inzwischen muss Europa lernen, sich als Teil einer vielfältigen Welt zu sehen. Für die Zukunft gilt daher, dass Europa mit allen seinen Teilen die geistige Vaterschaft der Moderne anerkennt; dazu gehört zugleich, die vergangene europäische Weltherrschaft und die früheren Verstrickungen Europas in die Geschicke der Welt zu reflektieren und in gewisser Weise auch zu betrauern. Dies erst wird eine Grundlage für ein starkes Europa bilden, welches Geschichten über Geschichten aus dieser Weltbemächtigungsphase zu erzählen weiß und welches aus den Dynamiken und Ideenkämpfen der eigenen Geschichte das Drama der Menschheit bereits so vielfältig formuliert hat, dass es nun darauf ankommt, auch die Erfahrungen und die Träume der Menschheit insgesamt mit diesen europäischen Erfahrungen in Verbindung zu bringen.

Ohne eine Vision von Europa als einem kleinen Teil der ganzen Welt wird Europa Schiffbruch erleiden. Es hat bisher versäumt, seine eigene Geschichte in den europäischen Einigungsprozess zu integrieren. Gegen die These, Europa habe zwar die Moderne in globaler Dimension angeregt, sei aber jetzt „auf dem Altenteil", stelle ich die Hoffnung, dass sich Europa für 2050 ein Ziel setzt und definiert, welchen Anteil es an der Welt nehmen will. Da dies nur aus der Fortsetzung der EU zu erreichen ist und da es zugleich eingeübte innereuropäische Politik gibt, setze ich auf ein starkes Europa als den auch in den nächsten zwei Jahrhunderten wirkmächtigen Schrittmacher einer neuen Moderne. Zufluss an Kapital gerade aus den sogenannten Schwellenländern und dabei vor allem aus China, aber auch aus Indien, löst zwar manche Ängste aus, doch politischer Einfluss Chinas in Europa sollte in gewissem Maße willkommen sein, zumal dessen Wirtschaft anhaltend Wachstum und Wohlstand in Europa befördern dürften.

Statt sich mit dem Begriff des „Westens" zu identifizieren, muss sich Europa beschränken und seine inneren Rivalitäten überwinden. Zugleich aber gilt es, von dem Gedanken Abschied zu nehmen, dass immer einer die Hegemonie besitzen müsse. Diese zutiefst in monotheistischen Gottesvorstellungen wurzelnde Weltherrschaftsvision hat Europas Erfolge in den letzten Jahrhunderten zwar beflügelt, wird uns aber, wenn sie nicht gebrochen wird, nur der Selbstabschaffung der Menschheit nahebringen. Europa muss auch aufhören, von sich als „dem Westen" zu sprechen. Denn der Westen ist heute bereits überall. Europas Zukunft liegt in der Vergegenwärtigung seiner im weitesten Sinne geistigen Traditionen und in der Überwindung der überwiegend zur Bemäntelung interner Spannungen aufrecht erhaltenen Hegemonialobsession.

Weil alle Anzeichen dafür sprechen, dass es sowohl im Interesse der USA als auch im Interesse Chinas liegt, dass Europa seine innere Stabilität wieder gewinnt, stehen die Chancen für eine Weiterentwicklung der EU trotz vieler unerledigter Aufgaben gut. Allerdings muss es eine neue Verständigung innerhalb Europas über die anderen Weltzonen ebenso wie über die eigenen geistigen Traditionen geben, aus denen sich ein internationales, aber auch ein innereuropäisches Gespräch speist. Hierzu wäre es sinnvoll, wenn die jeweiligen Ratsvorsitzenden der EU gegenüber allen Europäern mit dem Ziel einer inklusiven Gesamtansprache das Wort ergriffen. Gerade weil Europa derzeit weithin sprachlos ist, müssen solche Reden immer wieder gehalten werden!

Literaturhinweise

Crossley, Pamela Kyle, The Wobbling Pivot. China since 1800. Chichester 2010.

Dabringhaus, Sabine, Geschichte Chinas im 20. Jahrhundert. München 2009.

Elman, Benjamin A. und Martin Kern, Hg., Statecraft and Classical Learning. The *Rituals of Zhou* in East Asian History. Leiden-Boston 2010.

Gladney, Drue C., Dislocating China. Reflections on Muslims, Minorities, and Other Subaltern Subjects. Chicago 2004.

Goossaert, Vincent und David A. Palmer, The Religious Question in Modern China. Chicago 2011.

Kissinger, Henry, China. Zwischen Tradition und Herausforderungen [Original: On China]. München 2011.

Noesselt, Nele, Alternative Weltordnungsmodelle? IB-Diskurse in China. Wiesbaden 2010.

Osterhammel, Jürgen, China und die Weltgesellschaft. Vom 18. Jahrhundert bis in unsere Zeit. München 1989.

—— Die Entzauberung Asiens. Europa und die asiatischen Reiche im 18. Jahrhundert. München 1998.

Posth, Martin, 1000 Tage Shanghai. Die abenteuerliche Gründung der ersten chinesisch-deutschen Automobilfabrik. München 2006.

Reichert, Folker, Begegnungen mit China. Die Entdeckung Ostasiens im Mittelalter. Sigmaringen 1992

Schmidt-Glintzer, Helwig, Mao Zedong – die „Inkarnation Chinas", in: Wilfried Nippel, Hg., Virtuosen der Macht. Herrschaft und Charisma von Perikles bis Mao. München 2000, S.260–277.

—— Kleine Geschichte Chinas. München 2008.

—— Wohlstand, Glück und langes Leben. Chinas Götter und die Ordnung im Reich der Mitte. Frankfurt/Main 2009.

Spence, Jonathan D., The Search for Modern China. New York and London 1990.

Wang Hui, The End of the Revolution. China and the Limits of Modernity. London-New York 2009.